A mon épouse, Agnès,

A ma fille, Cindy

A Sainte-Odile, patronne de l'Alsace

A Sainte-Attale, patronne de Strasbourg

L'ignorance, ce n'est pas ne pas savoir, mais croire que l'on sait. Il est moins grave de se savoir ignorant que de se croire savant... *(Socrate)*

"L'obscurité ne doit jamais être une raison de ne pas croire à la Lumière." (Socrate)

De quel papillon cette vie terrestre est-elle donc la chenille ? (Victor Hugo - L'homme qui rit)

L'œil voit seulement ce que l'esprit est prêt à comprendre.

C'est parce que l'intuition est surhumaine qu'il faut la croire ; c'est parce qu'elle est mystérieuse qu'il faut l'écouter ; c'est parce qu'elle semble obscure qu'elle est lumineuse. (Victor Hugo, Proses Philosophiques)

Il ne suffit pas d'avoir des clés, il s'agit surtout de vouloir pousser des portes...

Couverture : Cindy Van de Leur- février 2019

- Pavement de la rue du Maroquin-

Thierry Van de Leur

LE SECRET DES RUES DE STRASBOURG

TOME 1

LE SECRET DES RUES DE STRASBOURG

TOME 1

Note de Copyright et première édition mars 2019

Contact auteur : t.van-de-leur@laposte.net

Imprimé en Europe par : www.lulu.com

Dépôts légaux Bibliothèque Nationale de France en 2019

© 2019 par Thierry Van de Leur. Tous droits réservés.

Livre autoédité, également vendu sur :

www.lulu.com et Amazon

ISBN : 979-10-91289-33-7

EAN : 9791091289337

"Genius Loci" est une œuvre de Giulio Paolini (2001) qui se trouve dans le parc du Château de Pourtalès, proche de Strasbourg (ici photographiée le 7 mai 2015).
Genius Loci est une locution latine qui signifie " Esprit du lieu faisant référence à l'atmosphère distinctive d'un lieu.
Depuis l'Antiquité, le Genius Loci est considéré comme cette réalité concrète que l'homme affronte dans la vie quotidienne.

GPS : 7°48'01" E / 48°36'35" N

SOMMAIRE

1 - Prologue

En 2005, je découvrais un fabuleux secret caché dans la carte de Paris. Je l'ai baptisé Parisis Code.

En 2009, j'ai publié chez Dualpha, à Paris mon premier livre pour expliquer cette découverte : **PARISIS CODE**, le plus grand secret jamais révélé sur Paris (en vente sur Amazon, Lulu.com, Hachette etc…).

Ce code fonctionne grâce à des mots-clefs et des symboles fournis par les voies, les monuments, les commerces et sociétés de la capitale.

Le processus est très simple mais aussi mystérieux, puisqu'à ce jour j'ignore encore qui l'a créé et qui le fait fonctionner.

Une chose est certaine, ce code n'a pas d'origine humaine.

Il fonctionne par alignements de points précis.

A Paris, entre 3 et des dizaines de paramètres peuvent ainsi se retrouver mystérieusement alignés et "parler", c'est-à-dire retracer avec plus ou moins de précision la vie d'une personnalité, un fait historique etc…

Lorsqu'on dit que le destin est inscrit quelque part, que c'est un signe du destin où que l'on peut lire le destin dans les lignes de la main, ce n'est pas faux.

Dans le Code de Paris, on retrace le passé ou même parfois le présent grâce aux lignes tracées sur la carte.

Comme exemple concret, on peut citer le cas d'un personnage né à une adresse bien précise.

Plus tard, cette personne devient célèbre… A sa mort, on baptise une rue à son nom, par exemple.

Si nous traçons sur la carte de Paris une ligne reliant ces deux adresses, on constate que le domicile où il a vécu et où il est décédé, de même que les adresses où il a exercé son métier, figure sur cette ligne.

Ce ne peut-être une coïncidence, surtout que ces points peuvent être très éloignés et parfois nombreux.

Les exemples sont tellement nombreux que ce décryptage m'a demandé 13 ans de travail et a donné naissance à une dizaine de volumes de 300 pages (liste à la fin de cet ouvrage).

L'ortho-morphogenèse urbaine codée

Le préfixe **Ortho** vient du latin "orthòs" qui signifie "droit". Il sert à exprimer la droiture et la justesse.

Une **morphogenèse** est un processus biologique qui donne sa forme, à un organisme.

En comparant la ville de Paris à un organisme vivant dont les habitants sont la substantifique moelle, on peut considérer que le Parisis Code ou code de Paris est le fruit d'une sorte d'ortho-morphogenèse urbaine codée".

Ce terme désignant le processus historique de création et d'évolution du mystérieux codage d'une ville par un processus d'alignements et d'interactions entre les adresses, les activités, les monuments, et certaines clefs symboliques prédéfinies.

Comment la nature s'y prend-elle pour construire les formes variées associées aux espèces vivantes ?

Comment expliquer le passage d'un embryon à un organisme complet avec des cellules bien différenciées occupant des fonctions différentes et situées dans des zones bien définies dans l'espace ?

De même comment expliquer l'organisation automatique donnant un sens symbolique à un alignement de paramètres (rues, monuments, adresses, sociétés etc…) ?

Si vu du ciel certaines villes montrent ouvertement leurs alignements de rues très géométriques, d'autres cachent des alignements beaucoup plus impressionnants et mystérieux…

LONDON

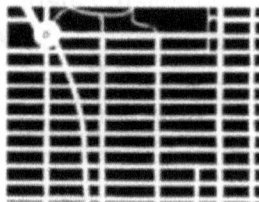

NEW YORK

PARIS

ROME

SAN FRANCISCO

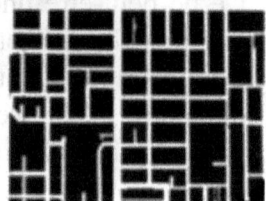

TORONTO

L'alignement miraculeux de Jean-Paul II

Voici un exemple spectaculaire d'un alignement "miraculeux" en rapport avec Jean-Paul II (premier et dernier pape polonais), dont l'être humain ne peut en aucun cas être le maître d'œuvre:

Le pape Jean-Paul II (1920-2005) est venu en pèlerin à Vilnius (Lituanie), surnommée "La Jérusalem du nord", le 4 septembre 1993, pour se recueillir dans la Cathédrale-Basilique Saint-Stanislas, devant le sarcophage de Saint-Casimir, le Saint Patron de la Pologne et patron suprême de la Lituanie.

La chapelle de Saint-Casimir et son sarcophage

Cathédrale-Basilique Saint Stanislas à Vilnius

Si nous traçons une longue ligne de 1705 km Vilnius- Vatican), reliant le sarcophage de Saint-Casimir (Patron de la Pologne) au sarcophage du Saint Pape polonais Jean-Paul II (au Vatican), nous avons l'immense surprise de constater qu'elle passe avec précision sur Wadowice, en Pologne, ville natale de Karol Józef Wojtyła, dit Jean-Paul II !

Ligne virtuelle Vilnius -Vatican

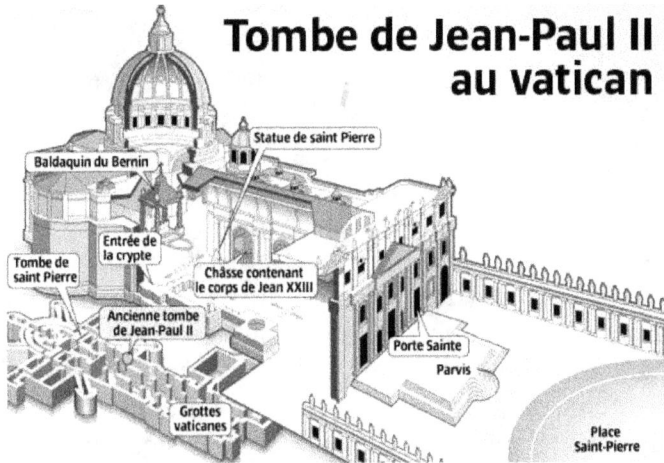

Tombe de Jean-Paul II
au vatican

Une filiale de la Fondation Jean Paul II, est située à l'Institut Saint-Casimir de Vaudricourt, en France (Nord).

Vilnius fut la ville européenne la plus peuplée de juifs (46% de la population), jusqu'à la Shoa (élimination de 40% des Juifs dans le monde, par le régime nazi).

Strasbourg est codée

Aujourd'hui, je constate que Strasbourg possède plusieurs éléments qui permettent d'affirmer qu'il existe un système similaire à celui de Paris, même si celui-ci est considérablement plus modeste.

Mais il se peut fort bien que ce code soit en train de naître…

On sait en effet que le Code de Paris a commencé à se mettre en place à partir de 1800, au temps de Napoléon Bonaparte.

Exemple concret concernant **Sainte-Odile** :

La rue de la Cigogne (emblème de l'Alsace), la rue Saint-Léon (Léon IX, le Pape alsacien), la rue Sainte-Odile (Patronne de l'Alsace, et l'Avenue d'Alsace, sont sur une même ligne.

La ligne reliant la rue Sainte-Odile à la rue d'Obernai passe sur la rue des Aveugles. La sainte alsacienne, protectrice des aveugles est née à Obernai…

Dans Strasbourg, une trace de **Louis Pasteur...** Relions le site du Bon **Pasteur** (rue François-Xavier Richter), au Pont **Louis Pasteur**. Cette ligne de 3,5 kilomètres passe sur l'Académie (actuel lycée Oberlin) au n° 4, la rue de l'Académie, (où l'inventeur du vaccin contre la rage enseigna la chimie), sur le n°18, Quai Saint-Nicolas, où Louis Pasteur habita de 1848 à 1854, et sur le Lycée Louis Pasteur (rue Humann).

Microscope optique à miroir (1875), utilisé par Pasteur avec lequel il découvre les microorganismes.

Comme un clin d'œil à Louis Pasteur, la ligne passe devant l'Institut de Bactériologie, rue Koeberlé, au sommet duquel se dresse depuis 1991 un grand microscope en cuivre qui sert de paratonnerre (œuvre des Compagnons du Devoir).

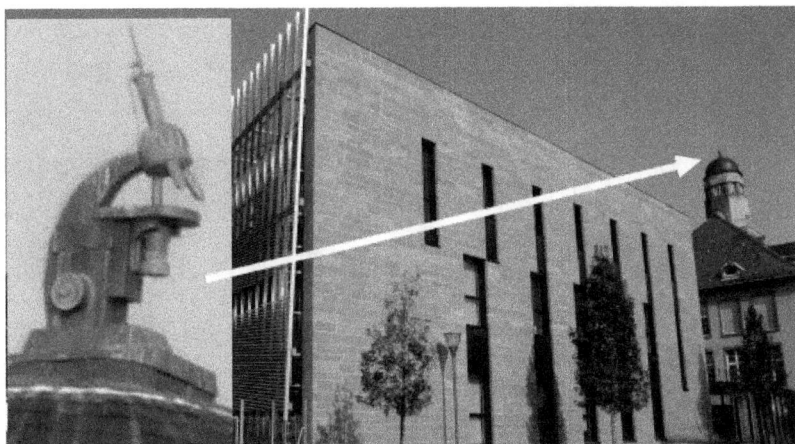

Dans Strasbourg, une trace de Jean **Gutenberg** (1400-1468), un homme de fort caractère qui a imprimé son nom dans l'Histoire…

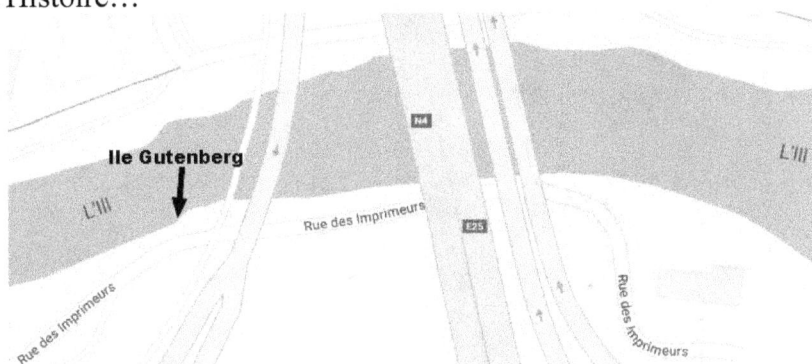

La ligne reliant la rue des Ecrivains à l'Ile Gutenberg, passe sur la Cathédrale, la Place Gutenberg, la rue des Imprimeurs, et la rue de la Montagne Verte. Jean **Gutenberg** est l'inventeur de l'imprimerie.

Son atelier se trouvait proche de l'actuelle Ile Gutenberg, dans le quartier Saint-Arbogast (où se trouvait le couvent Saint-Arbogast), à la Montagne Verte, au Sud-Ouest de Strasbourg.

Sur l'Ile, on trouve un monument commémoratif, érigé en 1992. Il est écrit :

C'est ici à la Montagne Verte que l'imprimerie fut inventée par Jean Gutenberg et c'est de ce pôle que, par elle, la lumière rayonne dans le monde.

La ligne passe sur la Cathédrale pour nous rappeler que la Bible fut le premier livre qu'il imprima vers 1854, et le premier livre imprimé en Europe. 2018 a été décrétée année Gutenberg.

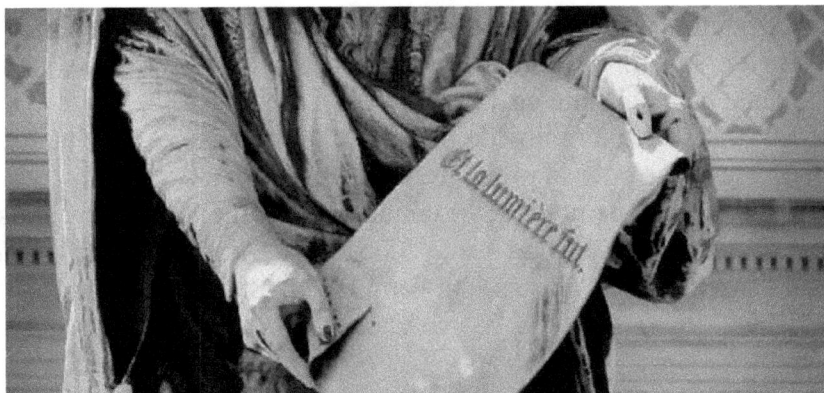

Détail sur la statue de Gutenberg, Place Gutenberg à Strasbourg

Saint-Arbogast (7ème siècle), est l'évêque qui fit construire la première Cathédrale de Strasbourg, qu'il consacra à Notre-Dame…

Sa statue vient d'être restaurée et replacée en octobre 2017 dans sa niche au-dessus de l'entrée sud de la Cathédrale.

Ses reliques sont conservées en l'église Saint-Arbogast de la Montagne Verte, dont la statue du saint orne la façade.

La ligne de 2,6 kilomètres reliant ces deux lieux, passe sur la statue de Gutenberg (Place Gutenberg), mais aussi sur le parvis où un musicien fasciné par le Moyen-Age, et doté d'une voix de contreténor se produisait régulièrement dans les années 2010 à 2013 : un certain Luc… **Arbogast** !

Luc Arbogast et … Saint-Arbogast

Le peintre **Gustave Doré** (1832-1883) est né à l'emplacement de l'actuel n°16, rue de la Nuée Bleue, à Strasbourg. Sa maison natale a été détruite en 1905.

Elle se trouve à moins de 50 m de l'immeuble où fut chantée La Marseillaise pour la première fois.

Il a d'ailleurs peint en 1870 un tableau intitulé " La Marseillaise".

La ligne reliant la rue Gustave Doré à cette plaque commémorative… passe sur l'emplacement de sa maison natale.

Cet axe passe sur le restaurant "La Marseillaise" et rejoint l'Avenue de La Marseillaise.

"La Marseillaise" de Gustave Doré.

Mais l'œuvre magistrale de sa vie est son monumental tableau baptisé *Le Christ quittant le prétoire*, appelé aussi *Le Prœtorium*, qui se trouve exposé dans une salle spécialement conçue pour lui au Musée d'Art Moderne de Strasbourg.

Le tableau de 9 mètres sur 6 lui a demandé six ans de travail (1867-1872).

Si nous relions celui-ci à la rue de la Nuée Bleue, nous obtenons une ligne qui passe sur la rue Gustave Doré.

Dans son enfance, Gustave Doré habitat au n°6, rue des Ecrivains, c'est là qu'il fit ses premiers dessins…

Amusant : la ligne reliant la rue du Jeu-des-Enfants à cette adresse, passe sur la rue Gustave Doré.

Il existe aujourd'hui au n°126, Avenue du Rhin une FAC résidence Gustave Doré.

En reliant cette adresse au n°16, rue de la Nuée Bleue où il est né, on obtient une ligne qui passe sur le n°6, rue des Ecrivains (adresse d'enfance) !

Le **Général Jean-Baptiste Kléber** est né en 1753 à Strasbourg, au n°8, rue du Fossé-des-Tanneurs.

Son corps repose sous sa statue de la Place Kléber, exactement dans l'alignement de sa maison natale, et à 140 mètres.

Sur cet axe on trouve le Gymnase Jean Sturm (n°8, Place des Etudiants), une grande école réputée où il fit ses études.

Le Quai Kléber est exactement dans l'alignement nord de sa maison natale, de sa statue et de sa sépulture.

La statue de Kléber est devenue un lieu de recueillement, un mémorial improvisé lors des attentats islamistes...

Sans le vouloir les strasbourgeois ont choisi cette statue qui est justement celle d'un homme qui fut assassiné d'un coup de poignard dans le cœur, au Caire, le 14 juin 1800... par un islamiste de 23 ans, un étudiant kurde-syrien, nommé Soleyman el-Halaby. Soleyman signifie "homme de paix"...

Ce dernier mourra empalé dans d'atroces souffrances de plus de 4 heures, le jour des obsèques de Kléber, 3 jours plus tard.

Un tableau de Gros (1820), au Musée Historique de Strasbourg illustre cet assassinat.

La statue du monument au mort de Kléber est l'œuvre d'un certain Philippe Grass. Ce dernier a une rue qui porte son nom du côté du Bon Pasteur (Orangerie).

Tout étant à sa place à Strasbourg, si l'on trace une ligne reliant la rue Philippe Grass au Quai Kléber (extrémité Est), celle-ci passe sur le Monument aux Morts de la Place de la République.

En 1967, la Place Kléber fut creusée pour construire un parking à deux étages. A cette occasion, on a enfin pu voir pour la première fois depuis sa mort, la crypte où reposaient les cendres du Général Kléber. Un bouclier d'acier fut construit autour du mausolée.

Photos DNA 1967 et Masque mortuaire de Kléber (47 ans).

2 - Le massacre de la Saint-Valentin (Pogrom) - 14 février 1349 -

Le mot "pogrom" signifie détruire, piller. Il est utilisé pour décrire les effusions de sang contre les Juifs perpétrées par les chrétiens entre 1881 et 1921…

Le pogrom le plus tristement célèbre est celui connu sous le nom de *nuit de Cristal* (en allemand *Reichskristallnacht*) perpétré en Autriche annexée dans la nuit du 9 au 10 novembre 1938, contre les Juifs du Troisième Reich ...

Au début de l'an de grâce 1349, des premiers signes de peste noire apparaissent à Bâle, à 120 km de Strasbourg.

Cette épidémie de peste bubonique également surnommée "mort noire" fut causée par la bactérie Yersinia pestis.

À Bâle, les Juifs sont accusés d'avoir empoisonné les puits. Le 9 janvier 1349, 600 Juifs sont alors enchaînés à l'intérieur d'une grange en bois et brûlés vifs.

Après le massacre, il a été décrété l'interdiction à tous les Juifs de s'installer dans la ville de Bâle pendant 2 siècles…

A leur tour, les Strasbourgeois prennent peur et accusent également la population juive d'être à l'origine du mal…

Pour brûler les soi-disant responsables et ainsi éviter que Strasbourg soit touchée par ce fléau de nature inconnue, la foule et les institutions de la ville dressent alors un gigantesque bûcher le long de l'Ill dans le cimetière juif, à l'endroit où se trouve aujourd'hui l'Hôtel du Préfet (1730), Quai Lezay-Marnésia.

Cet hôtel est la résidence du préfet, mais aussi du président de la république lors de ses séjours à Strasbourg. Il est protégé d'une barrière de verre anti-balles.

L'Hôtel du Préfet vu depuis la passerelle des Juifs

Peter Schwarber qui était l'Ammester (maire) de Strasbourg tenta en vain de s'opposer au massacre. Les autorités proposent alors aux juifs de se convertir au christianisme pour échapper aux flammes.

C'est ainsi que 2000 juifs refusant de renoncer à leur foi furent brûlés vifs le jour de la Saint-Valentin, le 14 février 1349.

Cet effectif représentait la moitié de la population juive strasbourgeoise de l'époque...

Vision dantesque : les mères juives mettaient leurs propres enfants dans les flammes et les rejoignaient aussitôt…

Evidemment, quelques semaines plus tard, la peste arrive à Strasbourg et tue pratiquement la moitié de ses habitants.
De même la moitié de l'Europe sera exterminée par le virus de la Peste Noire.
Presque chaque année, depuis 1997, le massacre de la Saint-Valentin des Juifs de Strasbourg, du 14 février 1349 (Pogrom), donne lieu à une commémoration organisée par le Cercle Menachem Taffel - Georges Federmann au milieu de place de la République à Strasbourg.
Le juif polonais Max Menachem Taffel (1900-1943), matricule n°107969), victime des expérimentations médicales nazies pratiquées par le Hauptsturmführer SS August Hirt (criminel de

guerre), fut le premier mort juif identifié dans le camp d'extermination du Struthof.

Plaque commémorative devant le domicile de Menachem Taffel.
A droite, son tortionnaire le satanique médecin SS August Hirt (criminel de guerre).

Enfermé à Auschwitz, il fut transféré au Struthof pour y être gazé en août 1943... On remarquera en passant que l'année 1943 possède les mêmes chiffres que 1349. En mai 2011, suite aux actions de Georges Federmann, le Quai Menachem Taffel fut inauguré à Strasbourg le long de l'Hôpital civil.

Le discours commémoratif se tient le jour de la Saint-Valentin devant le monument aux morts de la Place de la République (ex-Kaiser Platz), dont les statues sont voilées de noir pour établir le lien entre l'événement de jadis et l'actualité.

C'est la première fois, à l'occasion de la commémoration du 14 février 2018 que le monument est recouvert d'un voile noir.

65 ans auparavant, en 1953, lors du procès de Bordeaux lors duquel furent condamnés à la prison et aux travaux forcés treize

Malgré-Nous, les Alsaciens avaient recouvert cette même statue d'un drap noir.

Le monument (1936), qui porte comme seule inscription "À nos morts", représente une mère (symbolisant la ville de Strasbourg) tenant sur ses genoux ses deux enfants mourants.

La cérémonie organisée par Georges Federmann s'achève par la pose de cailloux mémoriels comme sur les tombes juives.

Lors de la commémoration, le docteur Federmann porte la coiffe juive, sorte de chapeau pointu infamant en forme de cône ou d'entonnoir renversé, porté par les Juifs dans l'Europe médiévale. Ce couvre-chef fut imposé aux hommes juifs à partie de 1215 afin de les distinguer des Chrétiens. Il correspond à l'étoile jaune imposée par les nazis.

Le Docteur Georges Federmann - à droite chapeau juif

On remarquera qu'un alignement précis se forme :
La Place de la République se trouve comme par hasard sur une ligne très symbolique sur laquelle on trouve:
La Synagogue de la Paix (représentant les Juifs) - l'emplacement où se trouvait le bûcher (Hôtel du Préfet, Quai Lezay-Marnesia) - rue Brûlée - rue des Juifs - Cathédrale Notre-Dame de Strasbourg (représentant les Chrétiens, les responsables du massacre) - Quai Menachem Taffel.

Le Cercle Menachem Taffel - Georges Federmann a été créé en 1997 par le Docteur psychiatre Georges Federmann dont le cabinet se trouve au n°5, rue du Haut-Barr, à Strasbourg.

Au centre, le Monument aux morts, à gauche, la passerelle des Juifs et l'Hôtel du Préfet du Bas-Rhin (emplacement du bûcher dans le cimetière juif).

On remarquera que l'extraordinaire ligne reliant le Quai Menachem Taffel au cabinet du Docteur Federmann, passe devant la Synagogue de la Paix, sur le Monument aux Morts de la Place de la République, sur l'emplacement du fameux bûcher, sur la rue Brûlée, et en particulier sur l'Archevêché (au n°16), sur la rue des Juifs, sur le jardin de l'œuvre Notre-Dame où l'on peut voir des stèles funéraires juives provenant du cimetière médiéval où furent brûlés les 2000 juifs strasbourgeois, également sur le Musée historique de la Ville de Strasbourg qui conserve un tableau d'Eugène Beyer (réalisé en 1894), représentant ce massacre des Juifs du 14 février 1349.

Cette ligne passe sur le Musée Alsacien, créé en 1907 au n°23, Quai Saint-Nicolas ! Que vient faire ce musée sur cette ligne ?
Depuis le Moyen Âge, les juifs se sont profondément intégrés en Alsace.
Lors de la création du Musée alsacien, la culture et le culte juif se sont retrouvés tout naturellement représentés dans les collections. Mais au nord, exactement sur l'axe nous trouvons d'autres éléments comme l'Allée des Soupirs …

… et surtout au milieu de la Place de Bordeaux, une étrange sculpture métallique géante de 7 mètres sur 11, baptisée "Ligne indéterminée".

Cette œuvre que je vais analyser dans le prochain chapitre, dissimule le mystérieux nombre 666, "chiffre de la Bête de l'Apocalypse de Saint-Jean, considéré pour beaucoup comme symbole du diable, de Satan pour les Chrétiens.

Une ligne qui prend tout son sens puisque le lieu du massacre de la Saint Valentin se trouve ainsi sur une ligne reliant l'entrée de la Cathédrale au " Diable" symbolisé par ce 666 de la Place de Bordeaux.

Décomposition de la structure (vue depuis la station du tram)

Le "666" de la Place de Bordeaux

Synagogue de la Paix de Strasbourg. Elle repose sur 10 colonnes symbolisant les 10 commandements. Son candélabre possède 6 branches au lieu de 7 pour symboliser les 6 millions de victimes juives de la guerre 39-45.

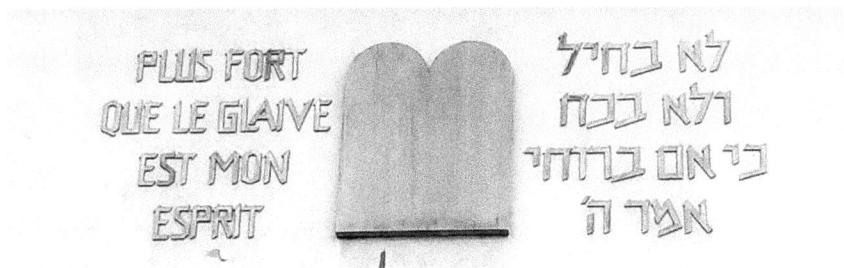

PLUS FORT
QUE LE GLAIVE
EST MON
ESPRIT

לא בחיל
ולא בכח
כי אם ברוחי
אמר ה

La ligne reliant l'entrée principale de ce cimetière à la Passerelle des Juifs (1858), qui enjambe l'Ill au niveau du Quai Lezay-Marnesia, passe sur l'emplacement où se trouvait le cimetière juif au Moyen-Age et où furent brûlés 2000 juifs en 1349.

PASSERELLE
DES
JUIFS

La ligne reliant la rue du Feu à la Passerelle des Juifs passe sur le lieu du massacre. Cette rue du Feu est de plus précisément orientée sur cet endroit.

En reliant la Tour du Bourreau (n°4, Quai de Turckheim) à la Passerelle des Juifs, la ligne passe sur la rue du Coin Brûlé et le lieu du massacre de la Saint-Valentin.

Le 14 février est aujourd'hui la Saint-Valentin, Fête des Amoureux. Pourtant cette date est associée à plusieurs massacres.

Notamment celui du 14 février 1929 perpétré à Chicago par le bandit Al Capone durant la prohibition. Il y a aussi celui du Moule, en Guadeloupe, en 1952.

L'agneau est la victime sacrificielle de toutes les occasions (mort et résurrection du Christ, Pâques juive, sacrifice du Ramadan etc…).

Le 14 février 2003, jour de la Saint-Valentin, la célèbre brebis Dolly, premier être vivant à avoir été cloné, était euthanasiée ! Elle était née le 5 juillet 1996.

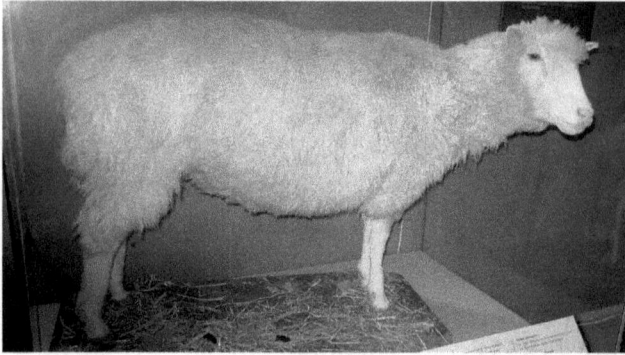

Le corps naturalisé de la brebis Dolly (musée d'Edimbourg, Ecosse)

A la Saint-Valentin, la ville de Strasbourg ne commémore pas le massacre des juifs. Par contre, depuis 2013 elle organise dans toute la ville durant une dizaine de jours au mois de février, l'événement "Strasbourg mon amour" qui met l'amour à l'honneur.

L'ancienne Synagogue consistoriale de Strasbourg a été incendiée par les nazis en 1940 puis dynamitée en 1941; elle fut construite en 1898.

La ligne reliant la rue du Feu à l'extrémité Est de la rue des Juifs, passe sur l'emplacement de cette ancienne Synagogue et sur la rue… Brulée !

Une autre synagogue se trouvait de 1892 à 1999 au n°30, rue Kagueneck.

En reliant cette adresse et celle de l'ancienne Synagogue, on obtient un axe qui nous mène à l'entrée principale du cimetière israélite de Cronenbourg (n°3, route d'Oberhausbergen).

Alignement encore… le cimetière israélite de Cronenbourg (n°3, route d'Oberhausbergen à Strasbourg), ouvert en 1910, se trouve à 100% dans l'alignement de la Synagogue de la Paix.

Pourquoi de tels alignements sont-ils respectés.

En 1910, l'emplacement du cimetière juif a-t-il été déterminé par ces deux synagogues qui existaient encore à l'époque ? Volonté délibérée où improbable coïncidence ?

En juillet 2015 fut inauguré une rue Peter Schwarber en l'honneur du maire (ammester) ; un "Juste" avant l'heure, qui tenta en vaint d'éviter le massacre des juifs lors du massacre de 1349. Il fut banni pour cela, et exilé…

RUE
PETER SCHWARBER
Ammeister (Maire) tenta en vain de
s'opposer au massacre des Juifs
de Strasbourg en 1349. Meurt en exil.

Dans le parc de l'Hôtel du Préfet, on remarquera une statue discrète représentant le septième travail d'Hercule : la capture de l'effrayant Minotaure de Crête… Message ?

Symbolique : la Place de la République, à Strasbourg, ressemble à une cible au centre de laquelle se trouve le Monument aux Morts. Dans un fusil à lunette, la Mort se trouve au centre de la cible…

Sur cette place, 4 arbres Ginkgos Biloba de 20 à 30 m de haut ont été plantés vers 1880. Ces spécimens qui entourent le Monument aux Morts ont été offerts par l'empereur Mutsuhito du Japon au kaiser Guillaume Ier de Prusse.

Le Ginkgo est le seul arbre qui a résisté après la bombe Hiroshima !

C'est la plus ancienne famille d'arbres connue, puisqu'elle serait apparue il y a plus de 270 millions d'années. Elle existait déjà une quarantaine de millions d'années avant l'apparition des dinosaures.

La Nuit de Cristal

Revenons sur le choix du Monument aux Morts de la Place de la République pour commémorer le Pogrom.

Il faut savoir que ce monument se trouve au pied du Palais du Rhin, ancien palais impérial (Kaizerpalast) transformé en Kommandantur par les nazis de 1940 à 1945.

Ainsi, il se forme tout naturellement en permanence un alignement symbolique très discret commémorant un autre pogrom, ordonné par Adolf Hitler, contre les Juifs du Troisième Reich, peut-être le pire de tous, baptisé "Nuit de Cristal" (Reichskristallnacht), qui fut les prémices de la Shoah.

Ce pogrom se déroula dans la nuit du 9 au 10 novembre 1938, jour de la Saint-Léon...

200 synagogues seront détruites, plus de 7 500 commerces et entreprises saccagées, 30 000 juifs déportés en camp de concentration… Au total environ 2 500 morts…

On constatera que la rue Saint-Léon, la rue Sainte Odile (clin d'œil à la patronne de l'Alsace), l'entrée du Palais du Rhin et le Monument aux Morts de la Place de la République, sont rigoureusement alignés.

Cet axe touche le Tribunal de Grande Instance et rejoint l'entrée du Quai Mullenheim où se trouve le Consulat d'Allemagne (au n°6).

Etrangement, vers l'ouest, l'axe de la rue Saint-Léon passe sur l'Allée des Justes-parmi-les-Nations, aménagée à l'emplacement de l'ancienne Synagogue incendiée par les nazis en 1940.

Cet axe coupe la rue de la Toussaint (la Fête des Morts) !

Une cérémonie a été organisée en ce lieu le 9 novembre 2018, à l'occasion des 80 ans de la "Nuit de Cristal".

Petite réflexion : Léon est l'anagramme de Noël, la plus grande fête chrétienne puisqu'elle commémore la naissance du Christ.

Massacrer des juifs un jour comme celui-ci semble une véritable provocation. Mais c'est probablement une coïncidence…

Les Justes-parmi-les-Nations désignent les gens qui ont mis leur vie en danger pour sauver des Juifs. Il s'agit du plus haut titre honorifique décerné à des civils par Israël depuis 1962. Ils sont plus de 25000 à ce jour.

Comme par hasard, l'axe de la rue des Bonnes Gens (1872), amène sur l'Allée des Justes-parmi-les-Nations, et sur le square de l'ancienne Synagogue.

Il y a t-il une volonté de la municipalité derrière ces alignements où une volonté divine ? Mystère…

"Une seule chose peut être pire qu'Auschwitz... si le monde oublie qu'un tel endroit a existé." - Henry Appel (survivant d'Auschwitz).

Les 3 coqs

A l'époque du massacre de la Saint-Valentin, la Cathédrale de Strasbourg ressemblait à Notre-Dame de Paris. Elle ne mesurait que 66 mètres de haut (3m de moins que la parisienne).

A Strasbourg, il existe un vestige de cette époque (1349) encore visible dans la salle d'horlogerie du Musée des arts décoratifs de Strasbourg (Palais des Rohan). Il s'agit d'un coq-automate (bois et fer forgé) réalisé vers 1350. Ce chef-d'œuvre de mécanique médiévale d'1,20 de haut est le plus ancien automate conservé en Occident.

Coq de 1350

Il faisait partie de la première horloge de la Cathédrale, dite "des Trois Rois", car elle faisait défiler à chaque heure les trois rois mages devant la Sainte Famille.

Il est plus que probable que le Coq-Automate de la rue de la Nuée bleue soit une copie ou un clin d'œil à ces coqs de 1350 et 1920.

Coq actuel de l'Horloge Astronomique- Coq de la Nuée Bleue (1920)

Si nous traçons une ligne de 560 mètres reliant ces deux coqs, elle passe miraculeusement sur l'Horloge Astronomique de la Cathédrale où chaque jour, à midi heure locale (12h 30 en heure d'hiver), un autre coq situé en haut et à gauche de l'horloge chante et bat des ailes lorsque les 12 Apôtres passent devant le Christ.

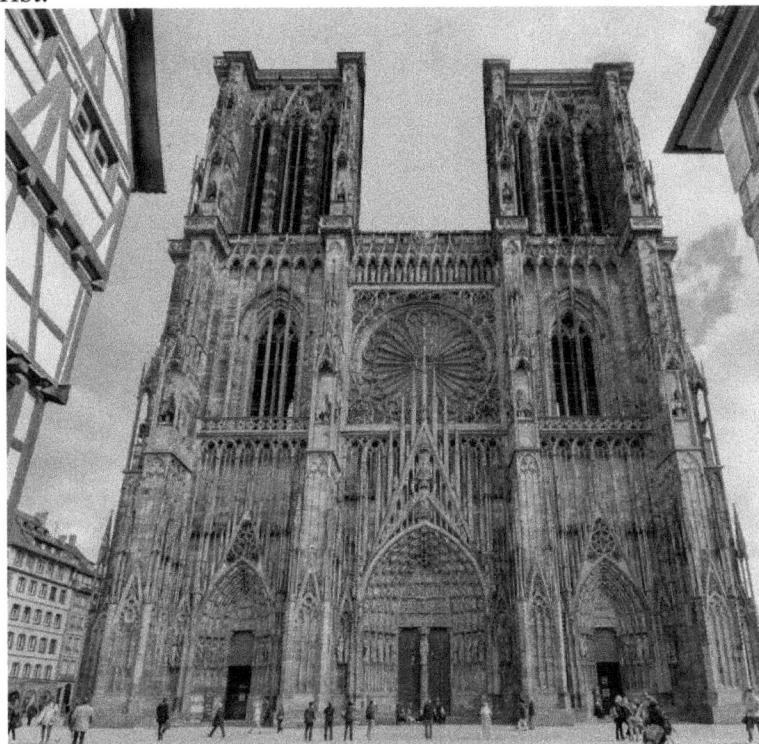

Paris ? Non, Strasbourg entre 1340 et 1365

La Cathédrale de Strasbourg n'a pas toujours été très... "catholique" !

En effet, elle a été utilisée par les protestants à partir de 1529 jusqu'en 1679, année où Louis XIV mis un terme à la domination protestante à Strasbourg, quand il s'est emparé de la ville.

En 1793, la Cathédrale a été transformée en temple du culte de la Raison jusqu'en 1801.

La Cathédrale de Strasbourg recèle le plus riche ensemble de cloches de France. Son système de double sonnerie est unique en Europe. À côté des quatre cloches simples pour les heures, elle dispose de 16 cloches de volées.

Pour les Strasbourgeois, la cloche de dix heures rappelle "la cloche des Juifs" de l'époque où les Juifs étaient chassés de la ville à la fin de la journée.

Dès que la onzième cloche de la cathédrale retentissait, il ne devait plus rester un seul juif dans les rues. Ils quittaient les remparts par la Porte des Juifs, qui se trouvait devant l'actuelle Passerelle des Juifs, proche de la Place de la République.

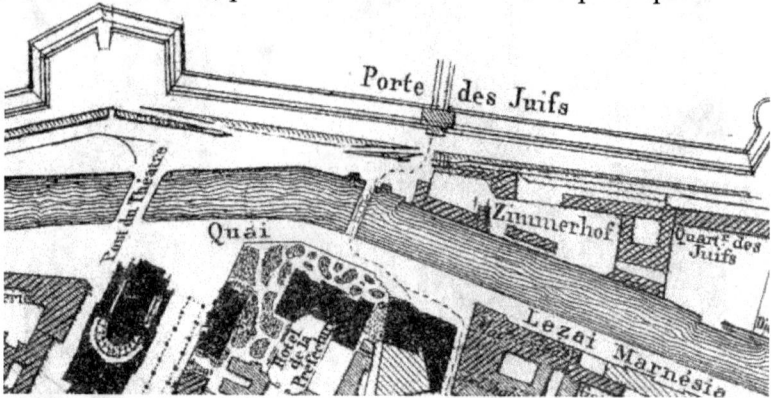

Strasbourg en 1870. La porte des Juifs se trouvait dans les fortifications au niveau de l'actuelle Passerelle des Juifs.

Cette cloche sonnait la fermeture des portes jusqu'à la Révolution. Elle annonçait aussi le couvre-feu, à 22h, pour prémunir la cité des incendies.

Depuis 1791, la mesure a été abolie par la Révolution, mais la cloche continue de retentir chaque soir ! Pourquoi ?

Du Moyen-Âge à la Révolution, la plate-forme de la cathédrale a eu un usage antisémite.

On y soufflait dans un *shophar* (la corne des juifs), pour intimer aux Israélites, l'ordre de quitter la Ville à la fermeture des portes. Cet instrument de musique en forme de corne de bélier, avait été dérobé dans une synagogue lors du terrible pogrom de 1349.

Les alsaciens l'appelaient le "Grüselhorn" (corne de l'épouvante). On l'entendait du haut de la cathédrale, une première fois à 20h pour signifier aux Juifs se trouvant en ville qu'ils devaient la quitter sans tarder, et la seconde fois à minuit.

On peut voir une réplique de cette "corne de l'épouvante" de Strasbourg au Musée Judéo-alsacien de Bouxwiller (Bas-Rhin) où une communauté juive a longtemps prospéré. Installé dans l'ancienne synagogue du village, le musée retrace la culture judéo-alsacienne.

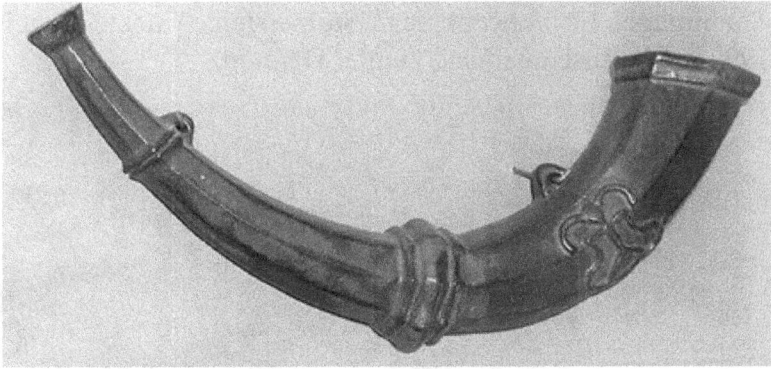

Grüselhorn (Corne de l'épouvante) de la Cathédrale de Strasbourg.

Le shophar est utilisé par les juifs lors des offices du matin, du dimanche au vendredi inclus durant certains mois et lors de certaines fêtes. Le jour du Yom Kippour, cet instrument est destiné à annoncer la fin du jeûne dans chaque synagogue.

Shophar juif

Pierres à faire trébucher (Stolpersteine)

Entre avril et septembre 2019, 53 pierres furent scellées à Strasbourg en mémoire des victimes du nazisme.

Ces "Stolpersteine" (pierre à faire trébucher), sont des pavés couverts d'une plaque de laiton gravée en mémoire des victimes du nazisme et insérées dans la chaussée devant leur ancien domicile. Elles permettent de personnaliser la démarche d'hommage. Le concept des "Stolpersteine" a été imaginé en 1992 par l'artiste allemand Gunter Demnig.

Chacun des 71.000 pavés posés jusqu'à présent dans 25 pays d'Europe a été gravé à la main par le sculpteur Michael Friedrichs-Friedlander.

Ils visent à rappeler le destin des victimes du nazisme, juives, tziganes, homosexuelles, handicapées ou opposants politiques, en faisant "buter" le regard des passants sur ces pavés de laiton.

Y sont gravés le nom, l'adresse, les dates de naissance et de décès de la personne tuée par les nazis.

L'association **Stolpersteine67**, chapeaute ce projet. Chaque "Stolpersteine" coûte 120 euros. Strasbourg est la première grande ville française à en installer.

La pierre

Le distrait a trébuché à cause d'elle.
Le violent l'a utilisée comme un projectile.
L'entrepreneur a construit grâce à elle.
Le paysan fatigué s'est reposé sur elle.
Pour les enfants, c'est un jouet.
David a tué Goliath avec,
Et Michel-Ange en a fait des sculptures.
Dans tous les cas,
La différence ne se trouve pas dans la pierre,
Mais chez l'homme.
Il n'y a pas de pierre sur votre chemin qui
n'ait rien à vous offrir.

3 - Lignes indéterminées

Bernar Venet s'est fait connaître internationalement pour ses sculptures d'acier monumentales qui prennent la forme de lignes se développant de façon aléatoire dans l'espace où la symbolique du destin est primordiale.

Dès 1979, il s'affirme sur le terrain de la sculpture avec la série des lignes indéterminées, des lignes d'acier puddlé qui font sa réputation dans le monde entier.

Il cherche à réinventer la ligne chaotique sur un plan artistique manifestant un intérêt particulier pour "le hasard et la prédictibilité".

Le désordre, la complexité, l'indétermination deviennent des obsessions qu'il traduit plastiquement. Le rôle du destin est ici fondamental.

L'une des plus célèbres "Lignes indéterminées" se trouve à La Défense, à Paris.

A Strasbourg, ville où fut découvert en 2005 le système de lignes appelé Parisis Code, existe depuis 1990, une œuvre monumentale à la gloire des lignes !

Etrangement, cette sculpture géante "Ligne indéterminée" de Strasbourg de 7 mètres sur 11, bénéficie d'une visibilité toute particulière.

Elle trône seule sur la Place de Bordeaux au milieu d'un vaste terre-plein gazonné de 3000 mètres carrés, et sur l'un des axes les plus fréquentés de la ville, devant l'Hôtel Mercure.

On ne peut pas l'ignorer.

De plus, elle se trouve en face d'un édifice important, dédié à la communication : la Maison de la Radio (FR3 Alsace). Cet axe nous amène sur le Conseil de l'Europe...

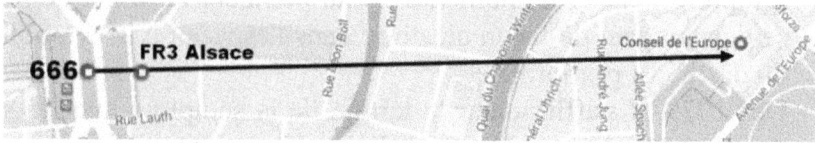

En fait, cette œuvre dissimule un grand secret.
Pour le découvrir il faut se placer de telle sorte à voir à travers la Maison de la Radio.
Alors, uniquement sous cet angle, cette ligne est-elle vraiment "indéterminée" ?
Ne devine-t-on pas très clairement le nombre satanique 666 ?

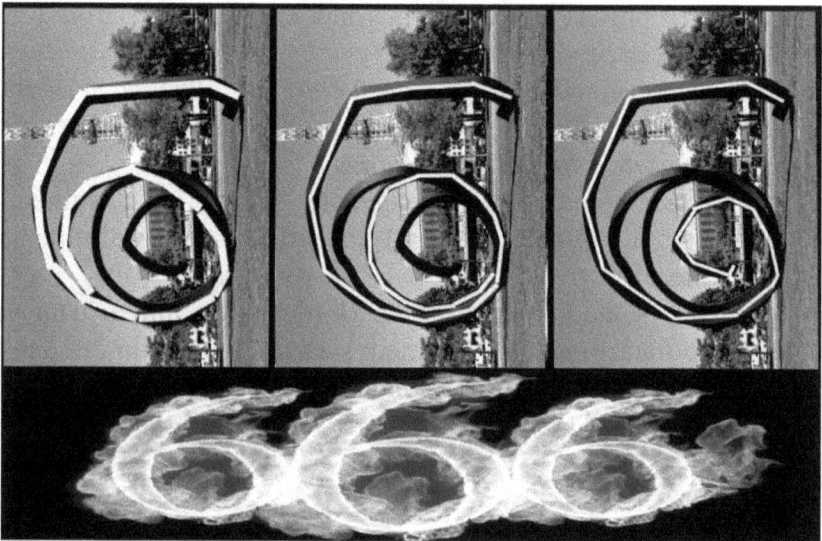

Mais, avant moi, qui avait remarqué ce détail " satanique" ?
Cette sculpture illustre parfaitement la fameuse phrase franc-maçonne : " *Nous dirigeons, nous faisons, nous vous le disons, nous vous le montrons... et vous ne le voyez, ni ne l'entendez **pas**. Et c'est notre force, notre pouvoir sur vous !* "
De plus ce nombre "666" matérialisé au centre de la Place de Bordeaux résonne bizarrement lorsque l'on sait qu'il existe justement, à Bordeaux, un groupe de rock qui s'appelle "The

666 Revelation". Cinq artistes influencés par The Kills, Black Keys et Dead Weather.

A La Défense à Paris, on trouve une double ligne indéterminée du même artiste, qui forme cinq "6".
Strasbourg est donc la seule ville française à posséder un nombre 666 monumental, au centre duquel on peut pénétrer librement...
La Porte de l'Enfer ?

L'auteur dans le "666" - l'antenne de FR3 Alsace

4 - Le 666 à Colmar (Haut-Rhin)

La France compte au moins 30000 ronds-points...

Ces passages obligés sont autant d'espaces visibles qui permettent à nos élus de s'exprimer, voire d'afficher leur appartenance à certains groupes plus ou moins ésotériques.

Où peut-on trouver rassemblés sur moins de 2 kilomètres, en France 3 symboles lucifériens comme le 666, le diable et sa fourche, et le porteur de Lumière ?

Réponse : à Colmar, ville natale de Bartholdi, créateur de la célèbre Statue de la Liberté de New-York.

A Colmar, 3 symboles lucifériens ont été mis en place ces dernières années.

L'étymologie de Lucifer en latin est, lux (lumière) dont le génitif lucis est accolé à ferre (qui veut dire porter en latin), soit luciferre qui donne ce nouvel éponyme.

La traduction française est, porteur de lumière. Satan par ce subterfuge devient un porteur de lumière. En Hollandais, le mot "allumette" se traduit par "Lucifer"...

Le premier rond-point que l'on rencontre sur la route de Strasbourg est celui qui héberge depuis le 4 juillet 2004, la copie monumentale de la Statue de la Liberté de Bartholdi (la plus grande au monde) réalisée par le sculpteur français Guillaume Roche.

Au sens le plus absolu du terme, la statue de la Liberté, une déesse Babylonienne,   est   d'inspiration   et   d'émanation

Luciférienne dans ce sens qu'elle "porte la lumière" et que sa couronne symbolise un rayonnement stellaire sur les sept continents, dans un pays où la bannière étoilée flotte à chaque coin de rue.

Cette statue est un cadeau de la France aux Etats Unis pour le centenaire de leur indépendance.

Son concepteur, Auguste Bartholdi, (né à Colmar en 1834) était Franc-maçon, tout comme Gustave Eiffel qui en a conçu l'ossature. Sa torche est en fait la Flamme de l'Illumination maçonnique, ou "Flambeau de la Raison". La Flamme représente le Soleil.

Son nom officiel est "La Liberté Eclairant le Monde".

Le deuxième rond-point que l'on rencontre sur cette même route de Strasbourg, 1750 mètres plus loin est celui qui héberge depuis le 28 novembre 2009, une monumentale statue en acier laqué rouge de 3 mètres de haut qui représente ni plus ni moins que le Diable en personne.

Contrairement à la réplique de Miss Liberty, cette statue impressionnante, réalisée également par Guillaume Roche, aucune publicité préalable n'a été faite sur ce diable rouge.

Si les travaux d'aménagement d'un giratoire ont bien été approuvés par le conseil municipal, le projet de la statue n'a fait l'objet d'aucune communication particulière vers les élus municipaux ou la population.

Cette sculpture représente le diable rouge avec un genou replié et son trident, qui orne le blason du 152e régiment d'infanterie de Colmar.

Derrière le diable, et à ses pieds, une flamme sort d'une espèce de pomme en inox.

La sculpture fut érigée à l'occasion du 90e anniversaire de l'installation du 152e régiment d'infanterie à Colmar.

Créé en 1794, ce régiment surnommé "Régiment des Diables Rouges" par les Allemands au cours des combats de l'Hartmannswillerkopf en 1915, a conservé son nom de tradition. Sa devise : ne pas subir !

Cette statue du Diable de Colmar, est une véritable rareté.

Dans le monde, à part à Buenos Aires, et en Espagne, à Madrid, dans le Parc du Retiro, il n'existait pas d'autres statues monumentales représentant Satan seul.

Généralement Satan n'est représenté que terrassé par l'Archange Saint-Michel...

La célèbre statue du diable (bénitier) de l'église de Rennes-le-Château, quant à elle, n'est pas monumentale...

A Cap Town, en Afrique du Sud, une monumentale statue de Satan (baptisée Elliot ou Coca-Satan) a été créée avec 4200 caisses de Coca Cola....

A partir de ce rond-point du Diable Rouge, tournez à droite et, à 400 mètres, vous tombez sur un autre rond-point, entre l'avenue de Lorraine et la rue du 152ème RI, qui interpelle : c'est le "Rond-point du Soleil", ou plutôt du... 666 !

En effet, un œil exercé reconnaît très clairement dans la sculpture moderne qui trône en son centre, une série de six, savamment tournés pour passer inaperçu aux yeux des profanes.

Il suffit de retourner l'image...

Cette œuvre de 6 mètres de haut en acier fut installée le 15 septembre 2011. Réalisée par Guillaume Roche, elle rend officiellement hommage à l'entreprise Liebherr implantée à Colmar depuis 50 ans ; une entreprise d'origine allemande, fabricant d'engins de construction, machines-outils, de frigos ou encore d'équipements aéronautiques.

Une œuvre similaire peut être admirée aux portes du CERN, à Genève, en Suisse. Elle est à l'entrée du Globe of Science et Innovation de Meyrin.

Elle reprend d'ailleurs le logo du CERN...dans lequel le nombre 666 est nettement mis en évidence.

Proche de cette sculpture moderne, on trouve le "CERN Globe Light Man", un providentiel "porteur de lumière": une silhouette humaine en néon...

Le Globe de Meyrin possède les mêmes dimensions que le dôme de Saint-Pierre de Rome... mais c'est une autre histoire...

Un autre rond-point se trouve entre la statue de la Liberté et le Diable Rouge ; il présente un ancien pressoir à raisin. Il est consacré aux vins d'Alsace. "Colmar, Capitale des vins d'Alsace"

indique le panneau. Le vin, dans la Bible, est comparé au sang du Christ...

Ce dernier Rond-point au milieu de l'ensemble luciférien peut être interpreté comme une provocation...

Mais qu'il y a-t-il de spécial au milieu de ce "triangle du Diable" élaboré patiemment de 2004 à 2011?

Le Parc des Expositions de Colmar. Depuis 65 ans, la Foire aux Vins d'Alsace se tient chaque année à cet endroit, autour du 15 août. Il rassemble près de 280000 visiteurs.

Le Théâtre en plein air, surnommé la "Coquille" accueil un festival de musique très populaire dans la région.

Vu du ciel, une coquille Saint-Jacques et un toit pyramidal sont visibles.

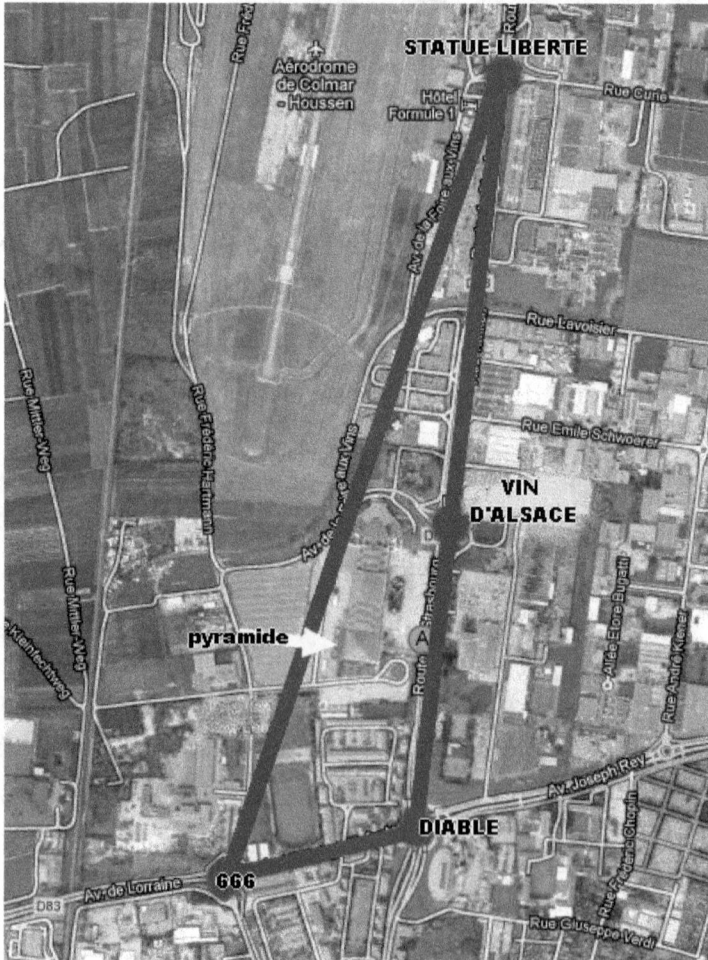

Comme on peut le constater, chacune des œuvres monumentales de Guillaume Roche, à Colmar sont parfaitement justifiées.

Elles commémorent un évènement bien particulier.

Comme par hasard, le feu est évoqué (soleil, diable, torche).

Mais qui oserait prétendre à une arrière-pensée luciférienne de la part de l'artiste ou de la Ville de Colmar ? Personne, bien entendu !

Alors circulez, il n'y a là que des coïncidences, que seules quelques personnes interprètent mal !

Retournons à nos postes de télévisions, seuls garants des grands courants agréés de l'opinion publique.

L'homme de la rue est devenu peu critique et blasé quant à ce type de représentation qui, à une autre époque, aurait soulevé un mouvement de contestation justifiée.

Les armes de Colmar sont particulières. Son dessin se prête à diverses interprétations.

On peut y voir une torche, le soleil, l'étoile à 5 branches, un manche, un poignard, etc...

L'explication officielle est la suivante : Hercule, selon la légende, imbibé de vin aurait oublié sa massue dans la cité...

Pourtant une massue médiévale ne se dessine absolument pas de cette manière !Bref, les armes de Colmar dessinée de cette manière représentent bien une torche ; les 5 rayons le prouvent.

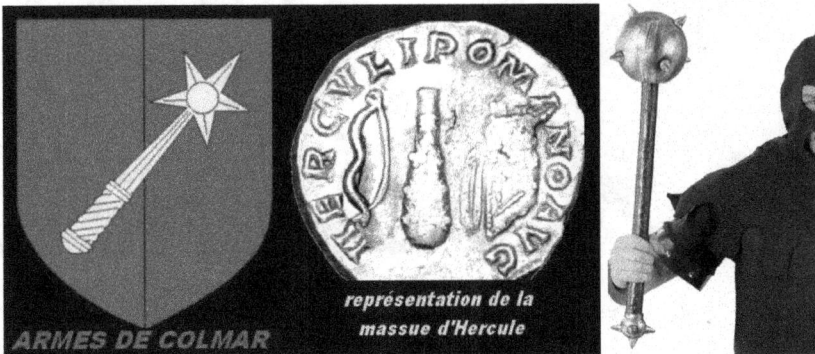

ARMES DE COLMAR

représentation de la massue d'Hercule

Colmar est donc pour certains initiés, le Porteur de Lumière, il n'est donc pas étonnant de voir fleurir dans la ville, petit à petit des symboles explicites !

5 - Woman walking to the sky, un symbole caché, ou plutôt... "cacher".

Depuis 1994, Strasbourg possède, Place des Halles, une sculpture monumentale de l'artiste américain Jonathan Borofsky : "Woman walking to the sky" (femme qui marche vers le ciel)...

On y voit une femme marchant de façon décidée en direction du ciel, sur un tube en aluminium penché avec un angle de 75°.

Cette œuvre d'art résolument moderne accueillie de façon mitigée par les strasbourgeois, est placée juste devant l'emplacement où s'élevait depuis 1898 la synagogue de Strasbourg, détruite par les nazis en 1940.

La station de tram qui se trouve juste au pied de l'œuvre s'appelle d'ailleurs "Grande Synagogue-les Halles".

A cet endroit, de nombreuses âmes sont partie vers le ciel, comme le suggère cette sculpture au mystérieux symbolisme.

En effet, c'était l'emplacement où se dressait au Moyen Age (jusqu'en 1543), la potence du Marais Vert.

Les suppliciés pouvaient recevoir les derniers sacrements dans une chapelle proche.

Autre lieu de départ vers l'ailleurs, on y trouvait l'éphémère première gare de Strasbourg, inaugurée en 1852 et désaffectée en 1884.

«Woman walking to the sky » se trouve aussi devant le plus gros centre commercial de la ville : la Place des Halles qui s'enorgueillit d'avoir vu s'installer en son sein, le 17 septembre 1979, le premier Mac Donald de France.

"Woman walking to the sky" est composée d'un immense mat en aluminium de 25 mètres de long sur lequel marche une statue de femme…

La femme habillée moderne, très colorée, ressemble à un personnage des aventures de Tintin.

L'œuvre de Strasbourg possède son double à Kassel, en Allemagne exécutée deux ans auparavant : « Man walking to the sky (Homme marchant vers le ciel). Là, c'est un homme qui marche sur le mat…

A l'université Carnegie Mellon de Pittsburg, ce sont sept personnages qui marchent vers le ciel depuis 2008.

Mais si pour la plupart des observateurs, ce n'est qu'une œuvre contemporaine faisant partie du mobilier urbain de la ville de Strasbourg, à y regarder de plus près, il s'agit d'une œuvre vivante qui cache une fonction de mémoire à travers un phénomène solaire artificiel qui la transforme en immense cadran solaire.

En effet, deux fois par an le mat en alu se transforme en gnomon projetant son ombre en direction du Square de l'Ancienne Synagogue, de forme circulaire spécialement transformé à l'insu de tous, en cadran solaire. Mais qu'indique ce cadran solaire ?

En fait il n'indique pas une heure particulière, mais plutôt un jour particulier, le 12 septembre 1940, jour funeste où la Grande Synagogue fut incendiée par les nazis.

Chaque 12 septembre, l'ombre du mat projette son ombre en direction du centre du Square circulaire. L'ombre de la pointe du mat touche avec précision le centre du cercle.

Par la même occasion, l'ombre de la femme qui marche sur le mat se dirige vers ce centre, donc en direction de "feu" l'ancienne synagogue de Strasbourg.

L'ombre du passé revient presque physiquement dans un lieu de mémoire…

Comme toutes les ombres, celle du mat du Woman walking to the sky revient à la même place le jour symétrique au solstice d'été.

Ce jour est le 31 mars, et ne semble pas revêtir de sens particulier en rapport avec cette synagogue, mais il se trouve que cette date est également douloureuse pour le peuple juif.

En effet, en 1942, à partir de ce jour et jusqu'au 31 mai, plus de 3600 juifs du ghetto de Varsovie vont mourir de faim...

Pourquoi les strasbourgeois n'ont-ils jamais été informés de ce phénomène ?

Etait-ce une commande spécifique de la communauté juive ?

Ou tout simplement faire d'une pierre deux coups.

Une œuvre qui sert en même temps le devoir de mémoire du peuple juif.

6 - La Nuée Bleue

Le lundi 28 août 2017 à midi, rue de la Nuée Bleue, près de la Place Saint-Pierre-le-Jeune, j'ai assisté pour la première fois à un petit spectacle charmant qu'apparemment peu de strasbourgeois connaissent, et qui va bientôt fêter ses 100 ans d'existence.

Moi-même je l'ai ignoré pendant 41 ans. J'ai appris son existence récemment par la télévision.

Ce spectacle d'automates d'une durée de moins d'une minute se produit au siège du journal Dernières Nouvelles d'Alsace, au n°17-19, rue de la Nuée Bleue, à midi précise.

A cet instant précis, un beau coq métallique juché sur une horloge cubique à 3 cadrans se met à chanter trois fois.

De l'autre côté de la rue, à quelques mètres, au n°12, une belle poule blanche debout dans son nid, lui répond.

Alors par un système élévateur, trois beaux œufs dorés sortent du nid... Le coq fut confectionné par le mécanicien des ateliers du journal Dernières Nouvelles d'Alsace qui lui a consacré tous ses loisirs.

A l'origine, en 1920, date de l'installation des "Dernières Nouvelles de Strasbourg", le volatile n'était pas un automate ; chaque jour, lorsque midi sonnait à la Cathédrale, il devait être actionné au moyen d'une manivelle traversant le mur de la façade, par un comptable, depuis sa table de travail.

Ainsi, chaque midi, le son "cocorico" était sifflé trois fois par le coq, symbole français, afin de se souvenir de cette victoire française de la première Guerre Mondiale.

Pendant la guerre, alors que la Place Broglie était rebaptisée "Adolf Hitler Platz", le coq, symbole de l'esprit cocardier français, peu apprécié par l'oncle Adolf, fut caché en lieu sûr et remis en place en 1945...

Son "cocorico" chantait cette fois allègrement et plus fort que jamais la victoire de la seconde Guerre Mondiale.

Le coq fut restauré à l'occasion du bi-centenaire de la Révolution, en 1989 (année de mon mariage).

La "Poule aux œufs d'or" est la treizième fable de Jean de La Fontaine édité en 1668.

Trois œufs d'or par jour, ça fait 1095 œufs par an soit 109.500 en un siècle depuis qu'elle a commencé à pondre !

Il est amusant de constater que la petite poule aux œufs d'or se trouve comme par hasard au-dessus d'une... banque, la CIC, au n°14.

J'en profite pour vous rappeler qu'en matière de placement bancaire, il est déconseillé de mettre tous vos œufs dans le même panier !

A midi une, le petit spectacle est terminé, chacun peut alors tranquillement aller déguster sa choucroute ou sa tarte flambée... sans forcément réfléchir à ce qui se cache réellement derrière cette petite scénette anodine.

Car ce petit spectacle cache un autre mystère que seuls les connaisseurs du Parisis Code peuvent comprendre.

En effet, il dissimule un système d'alignement symbolique qui n'est visible que sur la carte de Strasbourg ; le premier que je découvre sur Strasbourg.

Tout d'abord un peu d'histoire : les éditions **La Nuée Bleue** (qui appartient au journal DNA (Dernières Nouvelles d'Alsace) est le premier éditeur de livres en Alsace et dans l'Est de la France ; elles ont été créées en 1920 à Strasbourg, la même année que notre fameux coq... et sa poule blanche.

Ce nom poétique vient de l'Auberge de la Nuée Bleue qui se trouvait en 1690 dans cette rue, vers le n°29.

Avant 1800, les rues n'avaient pas de numéros et portaient souvent le nom d'un établissement remarquable (auberge, artisan etc...).

Les éditions **La Nuée Bleue** ont leur siège au n°3, rue Saint-Pierre-le-Jeune.

L'axe formé par le Coq et la Poule nous mène au nord sur l'adresse des éditions La Nuée Bleue (n°3, rue Saint-Pierre-le-Jeune), et sur un magasin qui s'appelle "Curieux ?".

Au sud l'axe passe sur la Banque de France (n°3, Place Broglie) l'emplacement officiel (voir plaque commémorative), où fut chantée officiellement pour la première fois (ou probablement l'une des premières fois) en 1792, la Marseillaise par Rouget de Lisle, et sur la Mairie de Strasbourg.

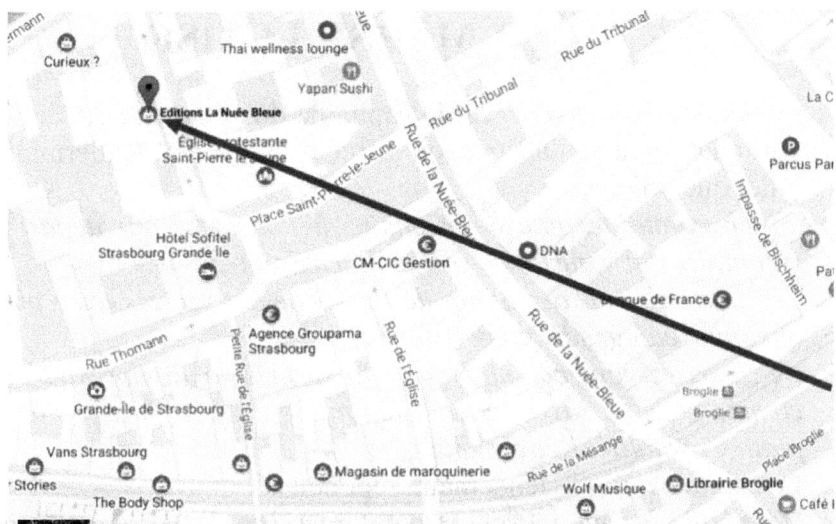

Devant cette plaque, tous les jours, à midi au temps où Strasbourg était calme, on pouvait entendre au loin un coq français chanter...

A cet endroit (anciennement n°4, rue du Broglie) se trouvait la Maison Dietrich appartenant au maire de Strasbourg Philippe-Frédéric de Dietrich (ou plutôt à son épouse).

Cette maison fut détruite en 1924, alors que le Coq de la rue de la Nuée bleue chantait depuis 4 ans.

L'axe rejoint le n°17, rue des Charpentiers où se trouvait l'hôtel particulier loué par le Maire Dietrich.

Certains historiens affirment que ce serait en fait à cette adresse que la Marseillaise aurait été chantée pour la première fois, par le maire ou son épouse, en présence de Rouget de Lisle.

7 - LA MARSEILLAISE

Le vendredi 20 avril 1792, le capitaine du génie Rouget de Lisle qui tenait garnison à Strasbourg, reçut du général Kellermann le billet que voici :

"Cher capitaine, mardi prochain, à l'occasion du départ des volontaires, il y aura une soirée place Saint-Etienne.

Les Dietrich ont la passion de la poésie. Je verrais avec plaisir que, nouveau gradé, vous y fussiez.

Ne pourriez-vous pas nous faire la surprise d'un morceau inédit comme vous en savez faire ? Réponse sans périphrase, s'il vous plaît. Cordialité. Kellermann".

Le capitaine, dès le lendemain, répondit :

"Général, à tout autre qu'à un guerrier de marque, j'aurais répondu négativement à la question que vous me faites l'honneur de m'adresser.

Car "ma surprise", à moi, c'est votre flatteuse supposition. Mais à vous, mon supérieur, je dois obéissance. Respectueusement vôtre, Rouget de Lisle, 126 Grand-Rue".

Le courrier signé de la main de Rouget de Lisle comportant son adresse de l'époque des faits, prouve qu'il a bien composé la Marseillaise au n°126, Grand-Rue à Strasbourg, actuel n°81 où figure aujourd'hui une plaque commémorative.

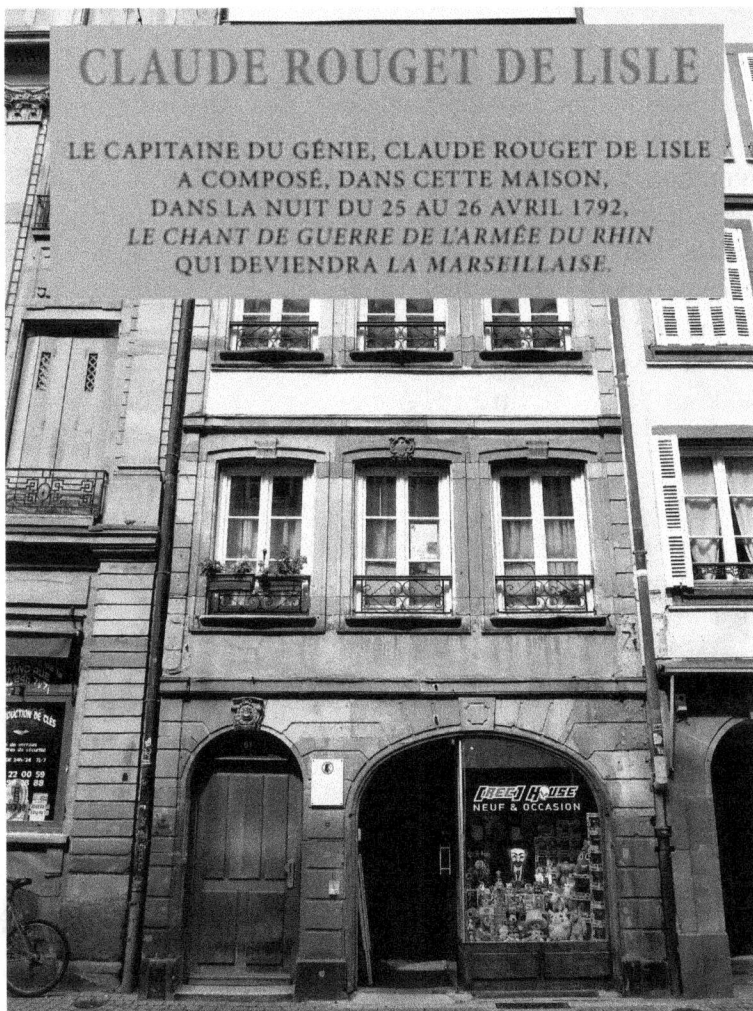

CLAUDE ROUGET DE LISLE

LE CAPITAINE DU GÉNIE, CLAUDE ROUGET DE LISLE
A COMPOSÉ, DANS CETTE MAISON,
DANS LA NUIT DU 25 AU 26 AVRIL 1792,
LE CHANT DE GUERRE DE L'ARMÉE DU RHIN
QUI DEVIENDRA LA MARSEILLAISE.

Maison "Zu dem kubeler", du n°81, Grand rue à Strasbourg (anciennement n° 126, entre 1784 et 1857), où fût composée La Marseillaise par Rouget de Lisle, dans la nuit du 25 au 26 avril 1792. Sur le bandeau de la clef de voûte décorée d'un pot de fleurs (emblème du potier), on peut lire la date de sa construction, 1772, entourant les initiales "JHF" du maître d'ouvrage.

Quand, au jour indiqué, c'est-à-dire le 24 avril, Rouget de Lisle se présenta à la Chancellerie, place Saint-Etienne, où le maire de Strasbourg le Baron De Dietrich recevait ce soir-là, on lui fit comprendre en effet que Kellermann lui avait demandé " quelque chose qui valût la peine d'être chanté au camp".

Il fallait "un morceau à enflammer les cœurs, un hymne entraînant, un beau poème qui plût au parti populaire".

Le capitaine s'excusa, alléguant les difficultés lyriques et poétiques, le peu de temps dont il disposait ; mais on insista ; il demanda douze heures de répit, prit son violon et s'en alla.

Le lendemain, 25 avril jour de la Saint-Marc à dix heures du matin, il arrivait à l'un des domiciles particuliers de Dietrich, au n°4 du cours de Broglie (aujourd'hui n°3, Place Broglie, où s'élève à présent la Banque de France).

Il avait passé la nuit à écrire et à noter un chant dont il était assez satisfait ; il dit le titre : Hymne de guerre dédié au Maréchal de Luckner, puis s'approcha du clavecin de madame De Dietrich et commença : "Allons enfants de la patrie"…

Un célèbre tableau d'Isidor Pils (1813-1875) peint en 1849 (56 ans après les faits) et conservé au Musée Historique de Strasbourg a popularisé la scène.

Notons que si nous traçons une ligne reliant ce tableau (Musée Historique) au centre de la Place de la République (Monument aux Morts), nous constatons qu'elle passe sur le n°17, rue des Charpentiers (hôtel particulier du Maire Dietrich où se déroula l'évènement illustré par le tableau), et sur l'extrémité nord de l'Avenue de la Marseillaise.

L'assistance se composait de dix personnes, dont le maire Dietrich et sa femme (au clavecin). Tous furent enthousiasmés.

Lors de ce jour historique, le maire De Dietrich, amateur passionné de musique, reprenait à chaque finale le refrain : "Aux armes, citoyens ! Rouget de Lisle restait interdit : il ne s'attendait pas à pareil succès.

On dit, que très ému lui-même, il pressa les mains qui se tendaient vers lui et s'esquiva modestement.

Allons enfants de la patrie, le jour de gloire est arrivé (écriture originale de Rouget de Lisle).

L'Hôtel particulier du Maire Dietrich au n°3, Place Broeglie. A sa place a été construit le grand immeuble de la Banque de France, sur la façade duquel a été apposée la plaque commémorative de la naissance officielle de La Marseillaise. Photo prise depuis la Cathédrale.

Officiellement, La Marseillaise fut chantée ici pour la première fois.

Hôtel particulier du Maire Dietrich

Rouget de Lisle a composé La Marseillaise le jour de la Saint-Marc. De temps en temps, un alignement commémoratif éphémère se produit, lorsque le bateau "Rouget de Lisle" passe sous le Pont Saint-Martin (Petite France).

A cet instant précis, la rue Saint-Marc, le bateau "Rouget de Lisle" et le n°81, Grand-Rue sont alignés.

Le n°81, Grand-Rue, le restaurant Rouget de Lisle, l'Avenue de la Marseillaise, et le Quai Rouget de Lisle sont alignés.

Autre clin d'œil à la Marseillaise, l'hymne national français :

Le Coq gaulois est l'emblème populaire (non-officiel) de la France. Depuis 1920, tous les jours à midi, le coq automate de la rue de la Nuée Bleue (DNA) nous rappelle que c'est à quelques mètres que fut chanté pour la première fois l'hymne national français.

La ligne de 1,8 km reliant la plaque commémorative (Banque de France de la Place Broglie) à l'entrée de l'ENA (rue Sainte-Marguerite) d'où est issu notre nouveau Président de la République, Emmanuel Macron passe exactement sur la rue du Coq !

De même l'axe formé par le Coq automate de la Nuée Bleue et la rue du Coq, nous amène sur l'ENA ! Vers l'Est, cet axe rejoint la Place de la République. Tout est logique.

Autre découverte dans Strasbourg...

Sachant que c'est chez le Maire Dietrich que Rouget de Lisle a chanté pour la première fois la Marseillaise....

On remarquera que la ligne de 1,9 km reliant la plaque commémorative placée sur la Banque de France (Place Broglie) à l'intersection Quai du Maire Dietrich - Quai Rouget de Lisle, passe comme par miracle sur l'Avenue de la Marseillaise, juste à la moitié de cette distance !

Cette ligne passe sur l'angle de la rue de la Comédie où se trouve le Monument de la Marseillaise, créé en1922, détruit par les nazis en 1940 puis reconstruit en 1980 par les sculpteurs de l'Œuvre Notre Dame.

Sur son socle figure la première phrase de la Marseillaise : "Allons enfants de la Patrie".

La ligne reliant le n°81, Grand rue (où fût composée La Marseillaise) à l'extrémité de l'Avenue de la Marseillaise (au niveau de la Place de la République), passe également sur le Monument de la Marseillaise !

Monument de la Marseillaise

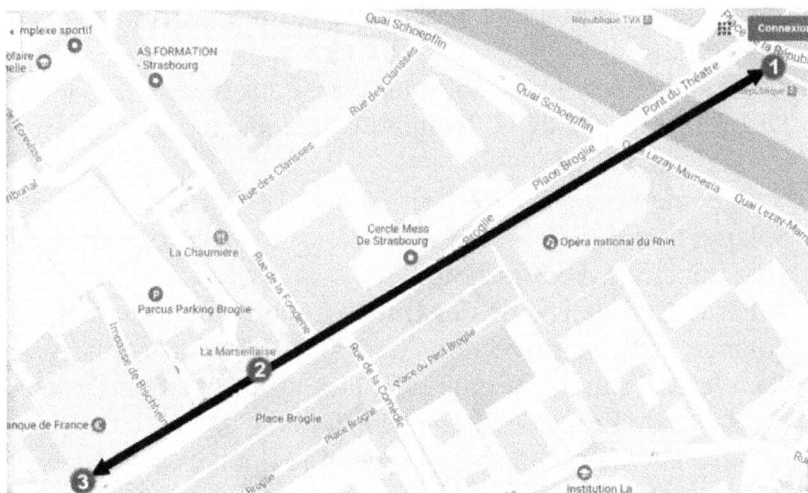

N°1 : Avenue de la Marseillaise N°2 : Restaurant la Marseillaise

N°3 : plaque commémorative

Restaurant la Marseillaise (n°13, Place Broglie)

Dans le code de Paris (Parisis Code)...

Rouget de Lisle a chanté la Marseillaise pour la première fois chez le maire Dietrich le 26 avril 1792, jour de la Sainte-Alida...

Si sur la carte de Paris nous traçons une ligne de 7,6 kms reliant le Square ou la rue de la Marseillaise à l'Arc de Triomphe, et plus précisément sur le célèbre bas-relief monumental intitulé La Marseillaise, sculpté par François Rude, cette ligne passe miraculeusement sur la Sarl Alida, au n°233, rue du Faubourg Saint-Martin !

Le Grand-Œil (Observatoire de Paris) qui regarde la Galerie De Dietrich (n°6, rue de la Pépinière), crée une ligne qui passe sur la rue Rouget de Lisle.

Rouget de Lisle est né le 10 mai 1760 (jour de la Sainte Solange), au n°24, rue du Commerce à Lons-Le-Saunier (Jura), ville jumelée avec Strasbourg.

A Paris, l'œil de l'Aigle des Buttes-Chaumont qui regarde la Sarl Solange (n°135, rue Saint-Charles) crée un axe qui passe sur l'entrée de la rue du Commerce (15e) transposition de la rue de naissance de Rouget de Lisle dans Paris.

Cet axe atteint vers le nord la rue et le Square de la Marseillaise (Porte de Pantin).

La ligne reliant la Sci Solange (n°38, rue Henri Chevreau) à la Clef de la Mise au Monde (Esplanade du Trocadéro - Place du Trocadéro) passe précisément sur la rue Rouget de Lisle.

A noter que la ligne reliant la Sarl Solange à la Sci Solange, passe sur la rue du Commerce !

La Marseillaise commence par "Allons enfants"... une phrase qui contient "lons", le nom de la ville (Lons-le-Saunier) où Rouget est né. A Paris, il existe une association qui porte ce nom, au n°31, Avenue de Ségur.

L'Œil de l'Aigle des Buttes-Chaumont qui regarde cette adresse, crée un axe qui nous amène tout naturellement sur le Square de la Marseillaise (et la rue éponyme). La ligne ainsi formée mesure 7,6 kms.

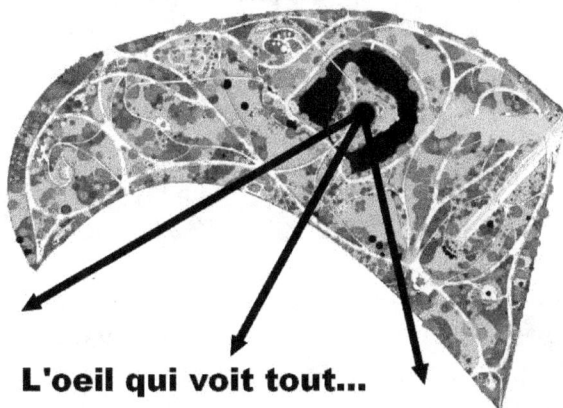

L'oeil qui voit tout...

Le Parc des Buttes-Chaumont et le lac qui dessine l'œil de l'aigle

En reliant l'Association "Allons enfants" à l'entrée de l'Opéra Garnier, symbole de chant, nous obtenons une ligne qui traverse miraculeusement la rue Rouget de Lisle !

Il existe également une rue Rouget de Lisle à Issy-les-Moulineaux, qui donne des résultats intéressants dans le code.

Alignée sur l'entrée de la Gare de l'Est (qui relie Paris à Strasbourg), elle génère une ligne qui passe sur l'Association "Allons enfants".

Cette rue alignée sur l'Arc de Triomphe qui arbore le célèbre bas-relief "La Marseillaise", crée une ligne qui traverse la Clef de la Communication.

La mésange

Certaines rues ont parfois un étrange destin ...

A Strasbourg, la rue à proximité directe (30 mètres) de l'adresse où fut chantée officiellement la Marseillaise s'appelait depuis 1786 "A la Mésange" à cause de la maison du n° 18 "Zum der Meisen" (A la Mésange, en français) qui arbore un bas-relief représentant cet oiseau.

Comme on le sait, la mésange est un oiseau chanteur !

Après le passage de Rouget de Lisle, en 1794, elle devint "rue de l'Egalité", puis en 1817, de nouveau Meisengasse (rue de la Mésange).

De 1848 - 1852, elle fut rebaptisée "rue de la Marseillaise" parce que le maire de Dietrich demeurait à proximité, et que Rouget de Lisle y avait chanté la Marseillaise.

A présent elle est redevenue définitivement "rue de la Mésange".

C'est au Grand Hôtel de Paris au n° 13, de cette rue qu'est décédé le 27 septembre 1868, le fils de Napoléon Bonaparte, Alexandre Colonna Walewski, comte Walewski.

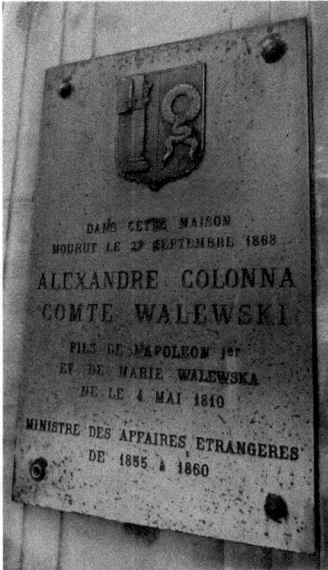

Etonnant ! A Paris, en reliant la Clef de la Mise au Monde (Parvis des Droits de l'Homme du Trocadéro) au restaurant "Les Mésanges" (n°82, rue de la Mare), on tombe sur... la rue Rouget de Lisle !

La ligne miraculeuse...

Durant son séjour à Strasbourg, du 1er mai 1791 au 13 juin 1892, Rouget de Lisle vivait dans la belle demeure du n°81, Grand Rue et y composa, avec son violon, dans la nuit du 25 au 26 avril 1792, le "Chant de guerre pour l'armée du Rhin", qui deviendra plus tard "La Marseillaise".

Rouget de Lisle composant l'hymne national

Nous sommes le 26 avril 1792 ; Rouget de l'Isle vient de quitter son domicile muni de la feuille sur laquelle il a composé les six couplets de sa chanson.

Il se rend au domicile du maire de Strasbourg, Philippe-Frédéric De Dietrich, dans l'Hôtel Waldner de Freundstein dit Hôtel de Dartein, au n°17, rue des Charpentiers (Selon l'historien Claude Betzinger).

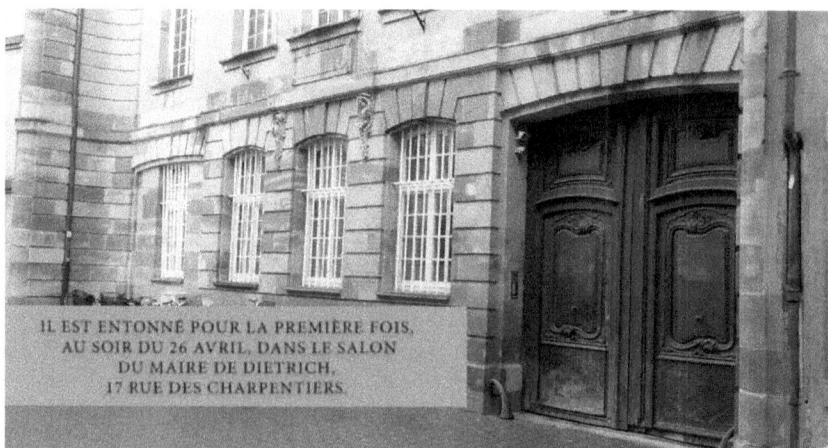

IL EST ENTONNÉ POUR LA PREMIÈRE FOIS,
AU SOIR DU 26 AVRIL, DANS LE SALON
DU MAIRE DE DIETRICH,
17 RUE DES CHARPENTIERS.

Hôtel de Dartein, domicile du baron De Dietrich,

Vêtu d'un bel habit tricolore qui se détache sur la blancheur d'un paravent, il entonne alors le chant devant le maire et ses convives, accompagné au clavecin par l'épouse du maire en personne. En fait, d'après certains historiens, c'est le maire lui-même qui entonna le chant...

L'audition eut, dans la ville un retentissement immédiat, et chacun demandait à Rouget de Lisle de chanter son hymne.

Ce qu'il fit au Café de la Lanterne, sous les Arcades, lieu de réunion habituel des officiers ou encore dans la salle du Miroir et autres lieux où on voulait absolument l'écouter.

Bref, l'on ne saurait dire, entre toutes, où il fut exécuté d'abord.

Mais il est possible que le même jour, Rouget de Lisle chanta lui-même la Marseillaise dans l'autre domicile du Maire, Place Broglie, où figure la plaque commémorative...

Le baron De Dietrich était en plein préparatif de déménagement vers son futur logement du n°24, rue brulée, qu'il devait intégrer à partir du 1er mai 1792 soit 5 jours seulement après la fameuse soirée !

Quelques jours après ce jour historique du 26 avril, Rouget de Lisle envoya une lettre au maire De Dietrich pour le remercier pour ce moment agréable...

Curieusement, il ne fit aucune allusion à la création du "chant de guerre"... *(source: S.Pécot, H.Georger).*

La première exécution publique de La Marseillaise dans un cadre digne d'elle, eu lieu le dimanche qui suivit sa composition, le 29 avril 1792 sur la Place d'Arme (actuelle Place Kléber).

Quoi qu'il en soit, cet instant historique est gravé dans les rues de Strasbourg sans qu'aucun personnage dans l'histoire ne soit intervenu pour qu'il en soit ainsi.

Et c'est là toute la magie de ces alignements symboliques qui restent un mystère total.

Ainsi, il s'est créée miraculeusement dans Strasbourg une ligne de 1,43 kilomètre reliant le n°81, Grand Rue (domicile de Rouget de Lisle) à l'intersection Quai du Maire Dietrich - Quai Rouget de Lisle.

Sur cette ligne, nous trouvons très précisément le n°17, rue des Charpentiers (où fut chantée la Marseillaise).

La ligne traverse l'Avenue de la Marseillaise juste devant le restaurant Le Rouget de Lisle (n°24, Avenue de la Marseillaise), puis croise le cours d'eau baptisé... l'Ill, un nom qui sonne curieusement comme Lisle.

Le restaurant Rouget de Lisle, n°24, Avenue de la Marseillaise

A ce niveau de la ligne, précisément sur l'eau, juste avant le Pont J.F Kennedy, un point mystérieux et éphémère (créé en 1985), vient se positionner plusieurs fois par jour pendant quelques secondes. Ce point s'appelle…"Rouget de l'Isle" !

Il s'agit en fait d'un bateau de promenade de la compagnie fluvial Batorama, construit en 1985, qui fait le trajet sur l'Ill jusqu'au Parlement Européen.

Ce bateau passe également sur la ligne symbolique au niveau de l'écluse de la Petite France.

Le jour de notre mariage, le 1er juillet 1989 (bi-centenaire de la révoution), mon épouse et moi ainsi que nos 50 invités avons vogué précisément sur ce bateau.

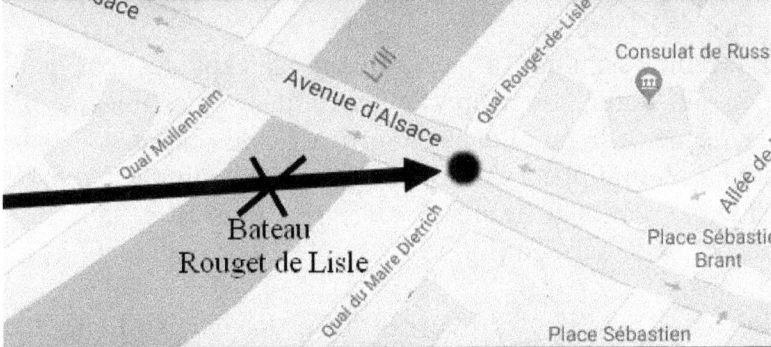

Hasard ironique : le 25 avril 1792 est certes la date à laquelle Rouget de Lisle composa les paroles de la future *Marseillaise*, mais c'est aussi celle de la première utilisation de la guillotine, sinistre symbole de la Terreur.

Ce jour-là, à 15h30mn, Nicolas Jacques Pelletier, 36 ans, condamné à mort pour vol avec violence, est guillotiné par le bourreau Sanson sur la place de Grève à Paris (aujourd'hui la place de l'Hôtel de Ville).

La foule, habituée à des exécutions capitales par pendaison pouvant durer des heures et provoquant d'horribles souffrances est déçue de la rapidité et de l'efficacité de ce nouveau procédé…

Le baron Philippe Frédéric de Dietrich, témoin de la naissance de l'hymne national français, déclaré "traîtres à la patrie" par Robespierre sera guillotiné à Paris le 29 décembre 1793 ; il avait 45 ans.

Le Maréchal Nicolas Luckner à qui Rouget de Lisle dédia, en avril 1792, son célèbre Chant de guerre pour l'armée du Rhin, autrement nommé, par la suite, la Marseillaise, fut lui-même guillotiné en avril 1794 à l'âge de 71 ans.

Sur la partition originale éditée en avril 1792 par la Municipalité de Strasbourg, il ne figure aucun nom d'auteur concernant la musique de la Marseillaise.

Dans une lettre adressée à Rouget de Lisle, le compositeur André Gréty lui écrivait : "Votre hymne est chanté dans tous les spectacles, mais, à propos, vous ne m'avez pas dit le nom du musicien. Est-ce Edelmann ? ". Il n'obtint aucune réponse.

Une piste cependant : on sait que onze années auparavant, en 1781, Jean-Frédéric Edelmann avait composé l'oratorio Esther dont la mélodie, selon des spectateurs témoins, était très proche de celle de La Marseillaise.

Curieusement cet oratorio est la seule œuvre d'Edelmann dont on n'a jamais retrouvé le manuscrit !

Le compositeur strasbourgeois, facteur d'orgue et de clavecin Jean-Frédéric Edelmann, est donc probablement le compositeur de la musique (Source : recherches menées par Sylvie Picot-Douatte).

De plus, coïncidence supplémentaire, Edelmann était un grand ami de la famille du baron-maire De Dietrich.

A la demande de ce dernier, il compose en 1790, un hymne pour la Fête de la Fédération qui fut à Strasbourg un succès populaire.

Edelmann fut lui aussi guillotiné à Paris (Barrière du Trône) le 17 juillet 1794. Il avait 45 ans.

Pianoforte carré de J-F Edelmann, sur lequel il composa probablement la musique de La Marseillaise.

La ligne qui rend à César ce qui est à César…

La famille Edelmann habitait au n°8, rue de la Toussaint à Strasbourg…

Jean-Frédéric Edelmann

Une ligne semble nous désigner clairement l'auteur de la musique de La Marseillaise, injustement resté dans l'ombre de Rouget de Lisle.

En effet la ligne reliant le n°8, rue de la Toussaint à la plaque commémorative de La Marseillaise (sur le mur de la Banque de France), passe devant le Coq automate de la rue de la Nuée Bleue qui chante tous les jours à midi, et devant la poule qui lui répond en pondant des œufs d'or.

Claude Rouget de Lisle (Citoyen Rougez surnommé Delille) échappera de peu à la guillotine.

Il y avait un ordre d'arrestation en date du 18 septembre 1793 à son encontre au motif de sa "désapprobation de la prise des Tuileries et de l'internement du roi Louis XVI".

Suspecté de royalisme, il fut incarcéré à Saint-Germain-en-Laye. La chute de Robespierre lui permit d'échapper à la guillotine. L'auteur de la Marseillaise démissionna de l'armée en 1796.

Il décède à Choisy-le-Roi, âgé de soixante-dix-sept ans, ignorant que son chant deviendrait l'hymne national de la France en 1879. Il fut inhumé au cimetière de Choisy-le-Roi et ses cendres furent déposées aux Invalides le 14 juillet 1915.

Un musée a été inauguré dans sa maison natale en 1996. Chaque heure, le carillon du théâtre dispense les premières notes de La Marseillaise en hommage à l'enfant du pays.

Normalement, Rouget de l'Isle n'aurait pas dû se trouver à Strasbourg en 1792.

En effet, devenu officier, il fut affecté à Limoges, dans un dépôt confié à des officiers généraux en retraite.

Il s'y ennuyait prodigieusement, alors il demanda sa mutation à Sarrebourg, ou il avait de la famille...

Manque de chance, il avait mal lu la note du ministère : ce n'était pas Sarrebourg, mais Strasbourg qui était proposé…

Lettre de Louis Antoine Jean Le Bègue de Presle Duportail, ministre de la Guerre, en date du 17 avril 1791 :

"Je vous préviens que conformément à la loi du 31 octobre concernant le corps royal du Génie et sa nouvelle composition, le Roy vous a compris au nombre de ses lieutenants de la

première classe et que l'intention de sa Majesté est que vous vous rendiez en mai prochain au plus tard à Strasbourg".

Transfert des cendres de Rouget de Lisle aux Invalides, en 1915.

Rouget de Lisle repose à côté du Maréchal Leclerc et du Maréchal Juin, dans la crypte des gouverneurs de de la Cathédrale Saint-Louis aux Invalides (lieu non ouvert au public), où il restera jusqu'à ce que soit votée la loi qui permettra de le transférer au Panthéon…

Photo: Musée de l'Armée

Sur les murs de Strasbourg, à cette époque, étaient placardées des affiches, inspirées par *"Les Amis de la Constitution"* (Club des **Jacobins**), où l'on pouvait lire : *"Aux armes citoyens. L'étendard de la guerre est déployé. Il faut combattre vaincre ou mourir"*. Rouget de Lisle s'en inspira...

D'ailleurs, à Paris, la ligne de 9,5 km reliant la Clef de la Communication (Maison de Radio-France) à la rue de la Marseillaise, passe par la rue Rouget de Lisle et le Passage des Jacobins (créé en 2002). Cette ligne passe sur le Boulevard de Strasbourg.

Serge Gainsbourg et la Marseillaise

A Strasbourg, le 4 janvier 1980, face au public médusé du Hall Rhénus, le chanteur de variétés Serge Gainsbourg le poing levé, entonnait *La Marseillaise* a capella, alors qu'entre 60 et 200 parachutistes s'étaient déployés pour en découdre avec "l'usurpateur" de l'hymne national. Ils réussiront à faire interdire le concert...

Quelques mois plus tôt, le 13 mars 1979, il venait de sortir l'album *Aux armes et cætera*, enregistré en 12 jours au studio Dynamic Sounds à Kingston, en Jamaïque, et dans lequel il revisitait à sa manière, en version reggae, la Marseillaise.

Pour cette chanson de 3mn12, il avait sélectionné les meilleurs musiciens jamaïquains de l'époque.

Au départ, tout le monde applaudit cette nouvelle version, mais assez vite il est accusé de se faire de l'argent sur *La Marseillaise*, , et de provoquer l'antisémitisme…

S'ensuit une déferlante de haine raciste dont Serge Gainsbourg conserva les stigmates toute sa vie.

« **Aux armes et cætera** » se transformera tout de même en prodigieux jackpot dès sa sortie en mars 1979 : album d'or puis de platine en un temps record, il va dépasser au final le million d'exemplaires. Serge avait cinquante et un an à l'époque…

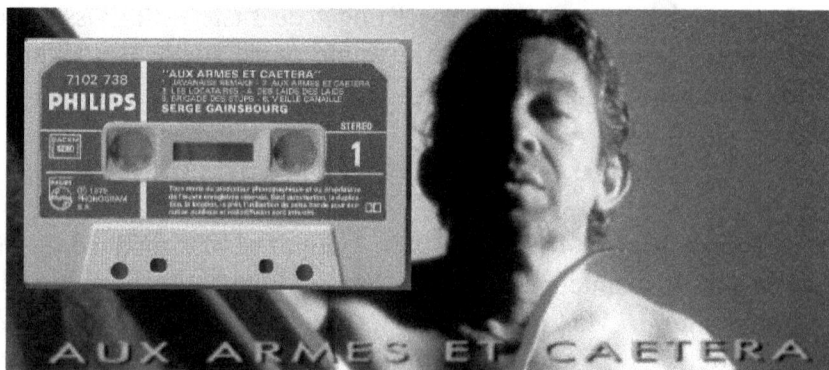

En 1956, Serge Gainsbourg était pianiste et guitariste à Paris au cabaret *Milord l'Arsouille*, près du Palais Royal.

Il accompagne la chanteuse Michèle Arnaud, vedette permanente de ce cabaret. A la fin de l'année, il prend son pseudonyme : Serge Gainsbourg.

Ajoutons un fait devenu étrange : c'est dans ce caveau de Milord l'Arsouille que, pour la première fois, *La Marseillaise* a été chantée à Paris au XVIIIe siècle.

Or, on sait que Gainsbourg, qui y fit ses débuts, reprit avec fracas, deux siècles plus tard, l'hymne national et s'en procura même l'original !

En décembre 1981, Serge Gainsbourg acheta aux enchères pour 20 000 euros l'un des 2 manuscrits originaux de la Marseillaise signé Rouget de Lisle où l'on peut effectivement y constater à partir du deuxième refrain *Aux armes et cætera* clairement calligraphié au niveau des refrains.

Pour ne pas les répéter inutilement, les refrains étaient indiqués «Aux armes et cætera».

Cette phrase est le titre de sa version de la Marseillaise qu'il avait composé en 1979...

Ce détail est inscrit dans les rues de Paris, grâce au système Parisis Code : l'œil de l'Aigle des Buttes-Chaumont qui regarde le Square de la Marseillaise, crée une ligne qui passe avec précision sur l'adresse de Serge Gainsbourg, au n°5, rue de Verneuil.

C'est là qu'il conservait précieusement ce précieux document.

Hymne des Marseillois

Allons, enfants de la patrie,
Le jour de gloire est arrivé.
Contre nous de la tyrannie
L'étendart sanglant est levé.
Entendez-vous dans les campagnes
Mugir ces féroces soldats ?
Ils viennent jusques dans nos bras
Égorger nos fils, nos compagnes !
Aux armes, citoyens ! Formez vos bataillons,
Marchez, qu'un sang impur abreuve nos sillons.

Que veut cette horde d'esclaves,
De traîtres, de Rois conjurés ?
Pour qui ces ignobles entraves,
Ces fers dès longtemps préparés ?
Français ! pour nous ah ! quel outrage !

7 - La Cathédrale "végétale" de Strasbourg...

Il est amusant de savoir que la Cathédrale de Strasbourg est fabriquée à partir d'une seule plante : le voltzia.

On peut donc affirmer que cette merveille de la chrétienté est née petit à petit, il y a environ 238 millions d'années, entourée de quelques dinosaures (période du Trias) !

En effet le grès rose vosgien (grès à Votzia) mis en œuvre pour la construction de la Cathédrale de Strasbourg s'est formé il y a environ 238 millions d'années par accumulation des fossiles d'une plante baptisée *Voltzia*, qui était une sorte d'arbuste semblable à certains conifères actuels (cyprès), ou au genre Araucaria (encore appelé Désespoir des singes, à cause de ses multiples épines qui dissuadent quiconque voudrait l'escalader...).

(End-, Mittel- und Fruchtzweige von Voltzia heterophylla. Aus den Vogesen.

L'Araucaria qui pousse dans les pays chauds (Amérique du Sud), est cultivé depuis 20 ans au jardin botanique de l'Université de Strasbourg. Ce jardin en possède deux magnifiques.
Ils ne se trouvent pas dans la serre mais à l'extérieur.
A Kehl, ville d'Allemagne limitrophe de Strasbourg, un Araucaria vient d'être planté en 2018, le long du Rhin au niveau de l'espace aménagé pour les enfants.

D'après les fossiles, le voltzia ressemblait beaucoup à l'Araucaria...

Il en existe quelques autres spécimens dans des jardins de particuliers de l'agglomération alsacienne. Le genre végétal *Voltzia*, a été baptisé en l'honneur du minéralogiste français... et strasbourgeois Philippe Louis Voltz (ingénieur minier, géologue et collectionneur de fossiles).

Fossile de voltzia

Le grès vosgien mis en œuvre pour la construction de la Cathédrale de Strasbourg provient de 3 carrières différentes situées à moins de 30 kilomètres de Strasbourg.
- Dinsheim, Gresswiller
- Brechlingen et Wasselonne
- Kronthal (*utilisé pour la crypte romane*).

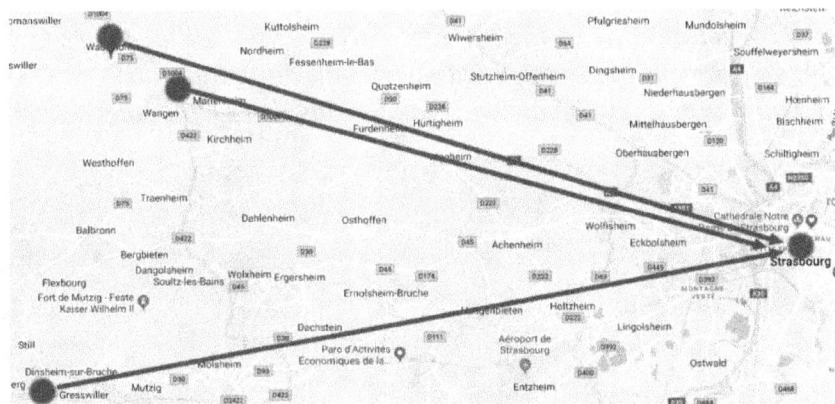

Montage photo inspiré par une œuvre du peintre Roland Perret (Molsheim), spécialiste des trompe l'œil, qui a réalisé la remarquable façade du Cinéma Saint-Exupéry à Strasbourg.

La Cathédrale de Strasbourg est née à partir du végétal...

Silhouette de la Cathédrale de Strasbourg, taillée en juin 2015 dans la pelouse au pied du centre administratif. (CUS), à l'occasion du millénaire des fondations de la Cathédrale.

Cette œuvre éphémère (conçue par Frédéric Auneau) de 28 mètres sur dix était une reproduction au 1/5e de la cathédrale réalisée par le service des espaces verts de la ville. Elle était orientée vers la cathédrale.

Cette œuvre ne fut visible qu'une dizaine de jours, du 3 au 13 juin 2015. Il a fallu 2 heures, à 2 agents pour la réaliser. (Source : 20 minutes).

La pierre utilisée pour la construction de la Cathédrale Notre-Dame de Paris (et la plupart des monuments et immeubles de la Capitale) est le calcaire blond de Paris, ou **calcaire lutécien**, qui, contrairement au grès des Vosges (Voltzia), n'est pas d'origine végétal, mais animal (marin).

Le calcaire blond s'est formé il y a des centaines de millions d'années par l'accumulation des fossiles de protozoaires (nom qui signifie premiers animaux) qui sont des organismes microscopiques ne possédant qu'une seule cellule.

A noter que les grandes pyramides de Gyseh (Egypte) sont également construites avec ce même matériau...

Par contre le végétal est bien présent dans la Cathédrale Notre-Dame de Paris, puisque sa charpente a consommé 21 hectares de chênes, c'est cette consommation qui lui vaut le surnom de "La forêt".

8 - Strasbourghenge

Le mot "Strasbourghenge" est né de la contraction entre "Strasbourg" et "Stonehenge", le fameux monument mégalithique situé en Angleterre, qui a la particularité d'avoir été construit pour que le soleil se lève dans l'alignement des pierres lors du solstice d'été.

Le concept est dérivé du "Manhattanhenge", inventé en 2002 par l'astrophysicien américain Neil de Grasse Tyson pour désigner l'alignement du soleil avec les buildings new-yorkais.

A New-York c'est un événement toujours très attendu et très photographié !

Il se décline désormais partout dans le monde et peut s'appliquer à chaque alignement du soleil avec une route.

A New-York, le phénomène est visible environ 30 minutes depuis les 14th, 23rd, 34th, 42nd et 57th Streets, les 29 et 30 mai à 20h13 et les 12 et 13 juillet à 20h21.

A Paris, le "Parishenge" se produit deux fois par an (aux alentours du 10 mai et du 1er août), lorsque le soleil se couche dans l'axe des Champs-Élysées, sous l'Arc de Triomphe.

Stonehenge et Paris (Arc de Triomphe)

Le phénomène "Strasbourghenge" (l'alignement du soleil avec la cathédrale et l'A351) se répète chaque année à Strasbourg vers 8 heures du matin, autour du 13 octobre et au printemps vers le 26 février. Il n'est visible que 2 ou 3 jours.

Mais l'alignement parfait est le 13 octobre.

Le point d'observation idéal se trouve au niveau du pont Paul Éluard.

Ce dernier, qui se trouve à environ 4,12 km de la Cathédrale de Strasbourg a été construit à l'occasion de la création de l'autoroute A351, autour de 1972.

On peut donc affirmer que le phénomène "Strasbourghenge", immortalisé pour la première fois par Greg Matter en octobre 2015, existait depuis 43 ans avant sa découverte.

D'autre part, on sait que cette autoroute A351 (qui relie l'A35 à la RN4), rectiligne sur 5 kilomètres, a été tracée de manière que, en venant de Wasselonne son point de mire soit la Cathédrale de Strasbourg.

On ne peut affirmer que les ingénieurs qui ont tracé cette autoroute n'étaient pas conscients de créer un alignement solaire pour cette date précise…

En effet, le "Strasbourghenge" a plusieurs aspects miraculeux et symboliques qui ont échappé à tous !

En effet il se produit le 13 octobre, qui n'est autre que la Sainte Fatima, le jour anniversaire de la Danse du Soleil, à Fatima, le plus grand miracle mariale de l'humanité.

Le Miracle du soleil, ou la danse du soleil, est le nom donné au phénomène solaire observé le 13 octobre 1917 à Fátima, dans le cadre de ses apparitions mariales.

Cet événement a été observé par plus de 30 000 personnes pendant environ 10 minutes à Cova da Iria, près de Fátima, au Portugal.

Le phénomène "Strasbourghenge" se déroule à la huitième heure du jour. Le huit est la symbolique de la course du soleil.

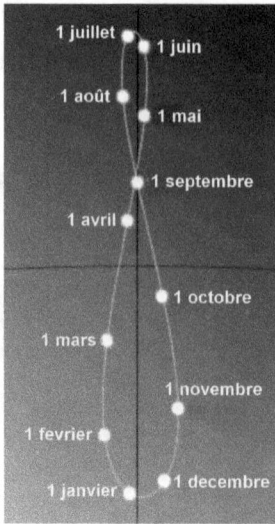

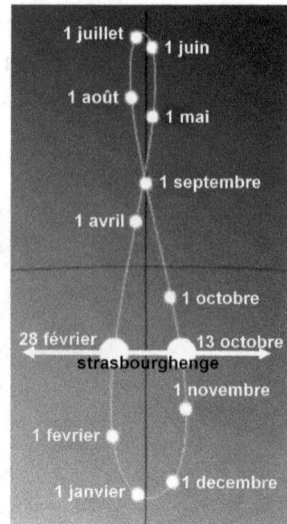

De plus octobre est issu du latin october (de octo, huit) car il était le huitième mois de l'ancien calendrier romain.

Enfin le phénomène est visible à partir d'un premier pont de la départementale 63, qui se trouve à la naissance de l'autoroute A 351. Ce pont possède la particularité d'être situé en plein milieu d'un échangeur en forme de…8 !

L'autoroute A 351 passe à quelques dizaines de mètres du… Zénith de Strasbourg.

Mais le plus important et le plus symbolique à mon avis est que l'axe dessiné par ce rayon de soleil qui qui prend naissance derrière la Cathédrale de Strasbourg retrace le chemin exact emprunté par les chariots qui acheminèrent il y a plus de 8 siècles les blocs de grès des Vosges (Voltzia), extraits des carrières de Wasselonne et Brechlingen (30 kilomètres de Strasbourg), pour édifier l'une des plus belles cathédrales du monde.

L'autoroute A 351 traverse le quartier de Hautepierre ; amusant quand on pense que les blocs de grès servirent à construire un édifice de 142 mètres qui resta de 1439 à 1874 le plus haut du monde.

9 - Le Rayon Vert et Sainte-Odile

L'Alsace est particulièrement gâtée en matière de *phénomènes lumineux*. **Strasbourg** possède son *Rayon Vert*, phénomène solaire qui se produit deux fois par an dans la Cathédrale : sur la façade avant de la chaire, est représenté le Christ en croix.

Chaque année, le 21 ou 22 mars à 10h 38 mn TU (équinoxe de printemps) et également le 21 septembre à 10h 24mn TU (équinoxe d'automne), un spot nommé *Rayon Vert* se matérialise au sol ; lentement, celui-ci se déplace vers la droite en direction de la chaire.

Poursuivant son chemin, il atteint le pied de cet édifice de pierre et grimpe le long de la paroi.

Ce spot de couleur verte apparaît alors sur la branche gauche de la croix ; à 12 h 24 mn, il atteint le crucifié !

Le rayon n'est visible que deux fois par an et reste 6 jours sur le corps du Christ.

Cette couleur verte artificielle, est produite par les rayons du soleil qui traversent une pièce en verre coloré d'un vitrail du Triforium méridional représentant Juda, fils de Jacob, fondateur de la tribu de Jésus.

Cette pièce spécialement teintée en vert représente son pied gauche.

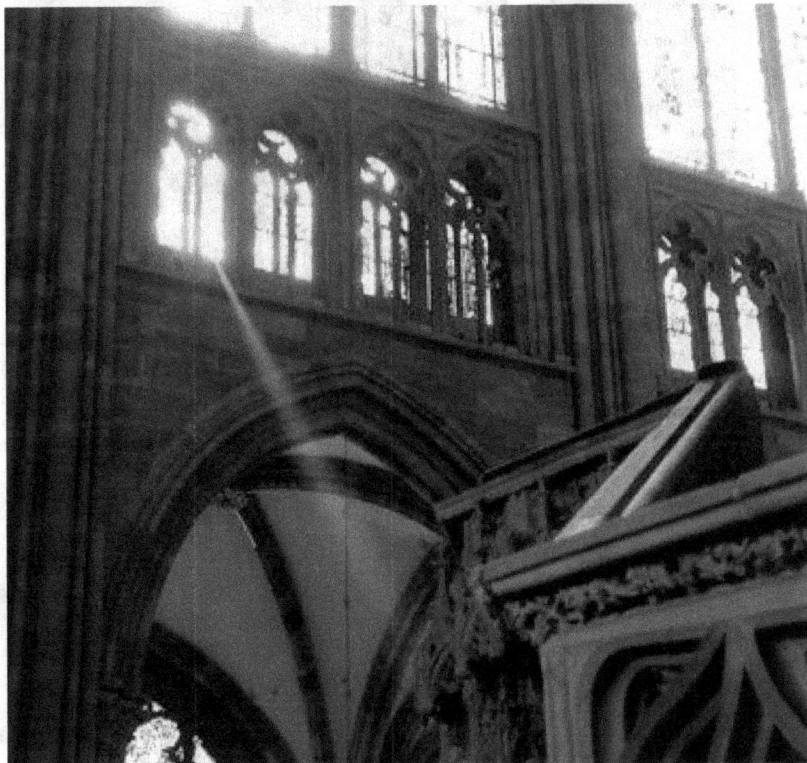

Le rayon vert émanant du vitrail de Juda

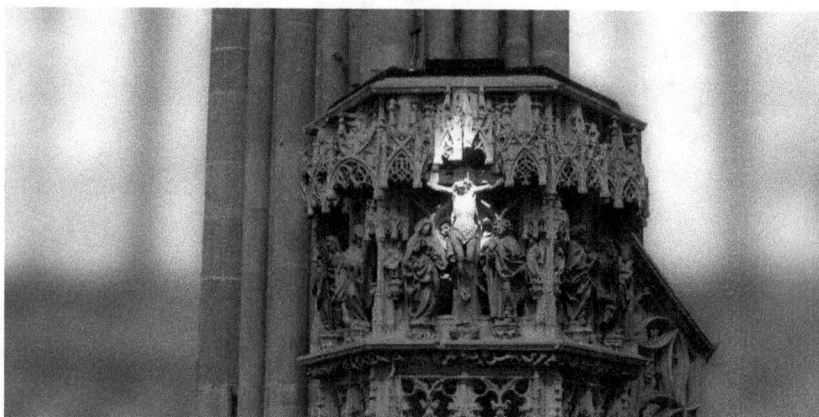

Le Christ en croix est la véritable cible du phénomène...

Le pied de droite est en verre... vert !

D'un geste on ne peut plus explicite, l'index de Juda indique que le soleil *passe par son pied*.

Comme pour nous confirmer la réalité de ce message, son regard est visiblement dirigé vers un vitrail de forme circulaire représentant indéniablement l'astre solaire.

Un rayon vert vient frapper le Christ...

Remarque : la Cathédrale de Strasbourg se trouve sur la ligne fictive reliant le grand magasin "Le Printemps" (Place de l'Homme de Fer) à la Place du Soleil. Un clin d'œil au rayon de soleil qui pénètre dans la Cathédrale le jour du printemps (21 mars).

Gustave Klotz, le "Père" du Rayon Vert

A l'occasion du millénaire de la Cathédrale de Strasbourg, Maurice Rosart a enfin pu mettre un nom sur l'auteur du Rayon Vert, le fameux phénomène solaire artificiel qu'il avait découvert en 1972, après plusieurs années d'intenses recherches menées dans le cadre d'une étude intitulée "Formes et symboles utilisés dans les arts sacrés".

Pendant longtemps, il n'était pas possible d'affirmer si ce phénomène était voulu ou pas. Pour l'Eglise, toujours frileuse lorsqu'il s'agit de justifier ses agissements dans le passé, ce n'était qu'une coïncidence... La date de la création de ce phénomène artificiel était approximative.

Dans les archives de la Cathédrale, on n'avait pas retrouvé de trace de l'installation d'un dispositif permettant au rayon de soleil de frapper la chaire au moment propice.

L'explication est en fait toute simple : ce dispositif a été présenté comme des travaux de réparations du vitrail "suite à une rupture accidentelle", par remplacement d'une pièce de verre dessinant le pied gauche du Saint représenté dans le vitrail.

Réalisée en catimini, cette réparation n'était donc pas soumise à approbation. Cela explique l'absence de traces écrites dans les archives consultées.

Autre avantage, la réalisation de ce génial dispositif n'a pas coûté un centime au Maître d'Ouvrage!

Gustave Klotz (1810-1880) fut l'architecte de l'œuvre Notre-Dame à partir de 1837.

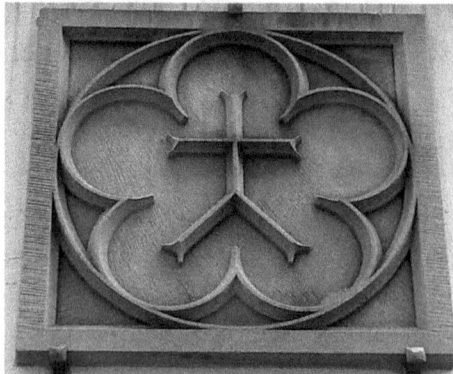

Signe de l'Œuvre Notre-Dame

C'est lui qui eut l'idée de faire réaliser les fameux "travaux de réparation" qui donnèrent naissance au "Rayon Vert".

Un devis pour la réalisation des figures de la 4ème travée du triforium (Juda), daté du 12 novembre 1874, et signé de son nom l'atteste.

Il se trouvait dans un livre édité à Strasbourg en 1965 : "Gustave Klotz 1810-1880 d'après ses notes, ses lettres, ses rapports", remis gracieusement à Maurice Rosart en novembre 2014 par Jacques Klotz, le descendant de l'architecte.

---

12 novembre 1874.

DEVIS... continuation de la restauration des vitraux.

1° Travaux proposés non exécutés: 3° verrière Sud, haute nef, bordures, réseaux, figures.

2° Travaux nouveaux, triforium: remplacement des mosaïques par figures généalogie du Christ...

        3° travée: 2 figures
        4° travée: 8 figures
        5° travée: 8 figures

et raccords divers.   Total: 10.000.— F.
                   G. K.

Soumission Petit-Gérard du 8 décembre 1874.
Réception 8 août 1875, et règlement.

A l'époque de Gustave Klotz, le pied gauche de Juda, à l'origine du rayon, n'avait peut-être pas la transparence d'aujourd'hui et, de ce fait, n'illuminait pas la chaire aussi spectaculairement. C'est pourquoi il est passé si longtemps inaperçu.

Le "miracle" du rayon vert est apparu très vraisemblablement à la suite d'une nouvelle restauration datant de 1971 ou 1972 au cours de laquelle le pied de Juda aurait été remplacé par un verre brut et, de ce fait, très transparent.

Ce Rayon Vert attire à présent de plus en plus de monde.

La plupart de ces curieux ignorent que ce genre de dispositif est loin d'être unique au monde (j'en ai dénombré plus d'une centaine en France et dans le monde).

A ce propos, je vous recommande mon livre "Les Phénomènes Artificiels" disponible sur Amazon, Lulu.com, Hachette etc...
Gustave Klotz était Franc-Maçon, membre de la Loge Symbolique " Les Frères Réunis" du Grand Orient de France...
On lui doit aussi la tour de croisée du transept, dite "Tour de Klotz". *(Source de cet article : Maurice Rosart - 2014).*

RUE
GUSTAVE KLOTZ
1810 - 1880
Architecte de l'Œuvre Notre-Dame
de 1837 à 1880
Gustave-Klotz-Stross

Sur la carte de Strasbourg, la ligne reliant la rue Gustave Klotz au chœur de la Cathédrale (Tour de Klotz) passe sur l'extrémité nord de la rue du Ciel, et traverse la rue de l'Arc-en-Ciel (phénomène solaire qui transforme les rayons du soleil en multiples couleurs... dont le vert).
Cette ligne passe sur la rue des Frères... une allusion à son appartenance à la loge "Les Frères Réunis"?

RUE DU CIEL

Et où se trouve la rue Gustave Klotz ? A 930 m dans l'alignement nord de la Place du... Soleil (Krutenau) !

La décision de dénommer cette placette "Place du Soleil", a été prise le 22 octobre 2002, jour où apparait le rayon du Mont Saint-Odile.

Avant 1972, à cet endroit la rue du Maréchal-Juin, s'appelait justement "rue du Soleil", d'après une auberge Zur Sonnen, "Au Soleil" du XVIIIe siècle…

Dernière remarque : il y a un petit côté surnaturel dans la découverte de ce Rayon Vert.

En effet, son "inventeur" Maurice Rosart s'est aperçu que ce phénomène apparaissait le jour de sa fête la Saint-Maurice (22 septembre) et disparaissait le jour de son anniversaire… une étrange synchronicité, convenons-en.

Odile et le Rayon Vert - Il existe un rapport évident entre le Rayon Vert de la Cathédrale de Strasbourg et la Sainte patronne de l'Alsace : Sainte-Odile.

En effet, le jour des équinoxes de printemps et d'automne, le rayon vert est en quelque sorte "adoubé" par la sainte qui figure en statue sur le fronton du quatrième arc-boutant de la Cathédrale.

Concrètement l'axe formé par le chausson vert qui colore et concrétise ce rayon passe d'abord par la statue de Sainte Odile reconnaissable à son livre aux deux yeux, tenu au niveau de sa poitrine.

Emplacement de la statue de Sainte Odile

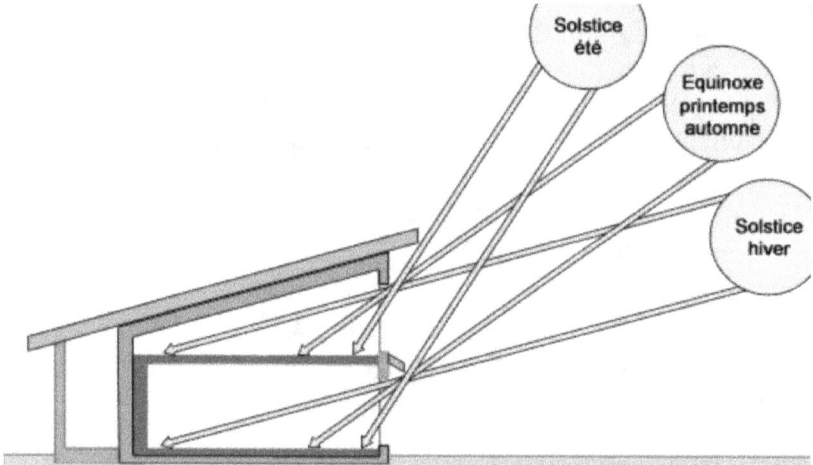

Angle des rayons solaires pénétrant dans un édifice en fonction des saisons.

J'ai fait cette découverte le 14 juin 2018, le jour où j'ai enfin pu visualiser la statue de Sainte Odile depuis la Place du Château.
La magnifique maquette en fonte au 1/125ème de la Cathédrale, exposée depuis décembre 2015 à ses pieds, m'a permis d'échafauder cette théorie.

Maquette réalisée par l'artiste allemand Egbert Broerken et financée par le Rotary Club et les Amis de la Cathédrale (Fonderie d'Art Strassacker).

Rayon Vert

Une trace du Rayon Vert strasbourgeois dans Paris

Lors des équinoxes, dans la Cathédrale de Strasbourg, le Rayon Vert qui éclaire le Christ sur la chaire, est produit par un rayon de soleil traversant dans un vitrail, le chausson de Juda judicieusement remplacé par du verre coloré en vert, et transparent ... Ce détail n'a pas échappé au Code.

A Paris, la ligne reliant la Sarl "Rayon Vert" (32, rue Pradier - 19e) à la Sarl "Equinoxes", passe sur l'Impasse Chausson !

Le jour du Printemps (21 mars), le soleil crée le Rayon Vert dans la Cathédrale de Strasbourg....

A Paris, la ligne reliant la rue du Soleil à la rue du Printemps passe sur la Sarl "Rayon Vert" (n°32, rue Pradier -19e). La ligne reliant la rue du Soleil au restaurant Le Soleil (n°134, Avenue de Clichy) passe par la Sarl "Rayon Vert" et la rue du Jourdain (évoquant le fleuve dans lequel fut baptisé le Christ).

L'œil de l'Aigle qui regarde l'Ambassade du Vatican (Nonciature Apostolique) au n°10, rue du Président Wilson, crée une ligne qui passe sur la Sarl "Cathédrale" (n°7, rue de Caumartin).

La ligne reliant la rue du Soleil à la Sarl "Production du Rayon Vert" (n°41, rue de Cronstadt) touche la Cathédrale Notre-Dame de Paris !

10 - Une Cathédrale "enceinte"
(Anatomie de Notre-Dame de Strasbourg)

C'est au Moyen Âge que fut développée la doctrine de l'Immaculée Conception affirmant que Marie fut conçue sans péché originel.

Le pape Sixte IV institua la fête de l'Immaculée Conception le 8 décembre (1477). Cette cérémonie fut étendue à toute l'Église d'Occident en 1708.

Aussi incroyable que cela puisse paraître, il existe bien dans certaines églises, des représentations de la Sainte-Vierge enceinte. A ce jour, on a recensé en France une quinzaine de statues de vierges enceintes.

On en trouve à Reims (Marne), Brioude (Haute-Loire), Plomeur (Finistère), Laroque-des-Albères, Prades, Perpignan (Pyrénées Orientales), Chissey/Loué (Jura), Oulchy-le-Château (Aisne), Arcachon (Gironde), Belpech, Cucugnan (Aude), Paracol au Val (Var), Buffignecourt (Haute-Saône), Marcenat (Auvergne), Cornillon-Confoux (Bouches du Rhône).

Une exposition de Vierges enceintes a été présentée, en 2004, dans la chapelle de l'église de Cucugnan, qui abrite, dans une niche protégée par une vitre blindée, la précieuse statue de la Vierge enceinte.

Strasbourg ne possède pas, à proprement dit, de statue de Vierge Enceinte, mais elle a beaucoup plus spectaculaire, et à présent, à l'aube de l'année 2005, il est temps que cette *femme* enceinte se dévoile enfin !

Cette Strasbourgeoise parturiente, très connue dans toute l'Europe, n'est autre que la Cathédrale Notre-Dame de Strasbourg.

Toute entière, elle est en fait une représentation à grande échelle d'une femme couchée sur le dos (en position *cathedra*).

En Rome antique, une cathedra désignait un siège comportant un dossier, mais sans bras.

Telle est en tout cas, la brillante et convaincante démonstration qu'en fait Maurice Rosart, l'ingénieur alsacien qui a également découvert le fameux Rayon Vert visitant 2 fois par an (aux équinoxes) le Christ en croix représenté sur la chaire de cet édifice. *(Une Cathédrale se dévoile »- Maurice Rosart - Editions du Rhin 2004).*

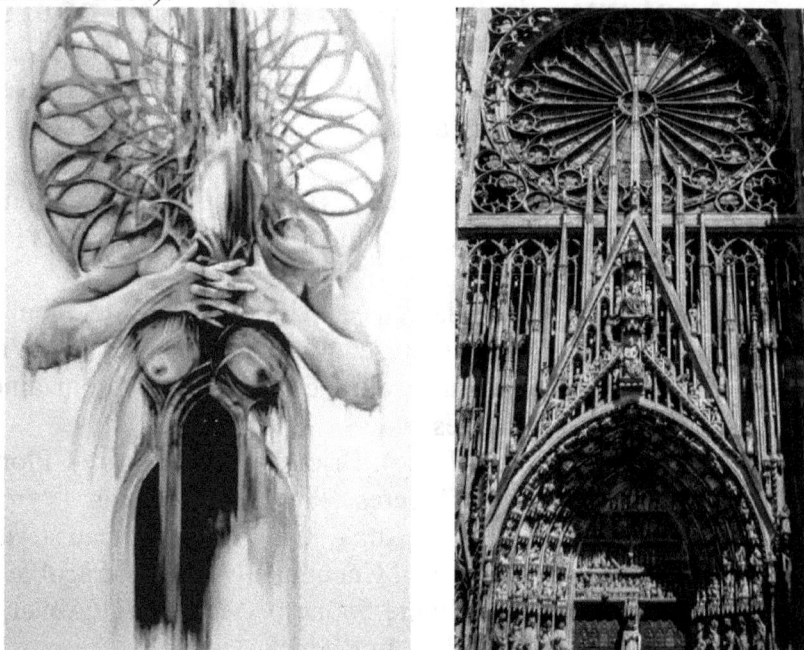

Gaëtano Grisafi

En fait, d'après des recherches complémentaires et personnelles, il s'agirait tout simplement d'une représentation monumentale de la Vierge Marie... enceinte, plus précisément parturiente, c'est-à-dire sur le point d'accoucher !

La Cathédrale de Strasbourg, dont les dimensions sont : hauteur 142 mètres, longueur 111 mètres et largeur 51,50 mètres possède en effet les mensurations d'une femme moyenne de l'an 1200, date du début de construction de ce temple dédié à Notre-Dame.

Cette femme de 1,55m est mesurée en position *Cathédra,* c'est-à-dire couchée sur le dos, les jambes en l'air. *(source : Maurice Rosart)*

L'échelle adoptée par les constructeurs pour cette représentation symbolique est celle du 1000/7 (rapport 142,857). Notons que la cathédrale de Strasbourg, tout comme le corps humain est construite suivant le Nombre d'Or soit 1,618.

A l'échelle 7/1000ème, si la cathédrale (ou plutôt la femme d'1,55 mètres qu'elle représente) était debout, sa hauteur atteindrait

221,4 mètres, soit celle de la moyenne d'une quarantaine de buildings de New-York (60 étages environ) !

Le Rockefeller Center Building (70 étages) mesure 257 mètres, soit l'équivalent d'un américain moyen d'1,80 mètre.

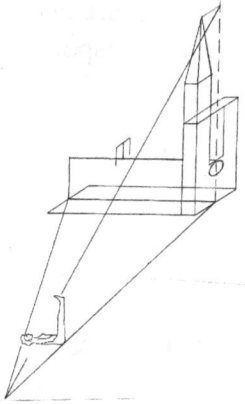

Projection 7/1000 ème

Position d'accouchement ou position "Cathédra"

Sur le portail de certaines églises, on peut lire l'inscription suivante : *Hic est domus dei et porta coeli*, qu'on peut traduire ainsi : Ceci est la maison de Dieu et… la porte des entrailles.

Le grand architecte Le Corbusier disait : *L'architecture doit être charnelle autant que spirituelle…*

Le chœur de la cathédrale, correspond au cœur. La nef est l'enceinte.

A Strasbourg, les bras droit et gauche sont représentés par les chapelles Saint-Laurent et Sainte-Catherine ; les avant-bras repliés sur la poitrine, mains jointes, doigts entrelacés constituent la tour de croisée du transept. Le transept correspond à l'épaule.

J'ai mis assez de temps à trouver ce qui symbolisait les seins de cette vierge enceinte.

Comme le voulait la logique, je les cherchais à l'extérieur. Hors sur le toit, pas de dômes suspects !

En fait, pour rester dans la décence, le côté érotique a été supprimé ; des seins, seules les aréoles sont représentées; elles traversent de haut en bas l'édifice, reliant le ciel à la terre.

Elles sont au bon endroit et sont séparées par une distance réaliste par rapport au corps : ce sont de loin les 2 plus gros piliers de la cathédrale (4 m de côté) !

Logique, car les seins sont un symbole de protection, de sécurité.

Le sein droit symbolise le soleil et le gauche, la lune.

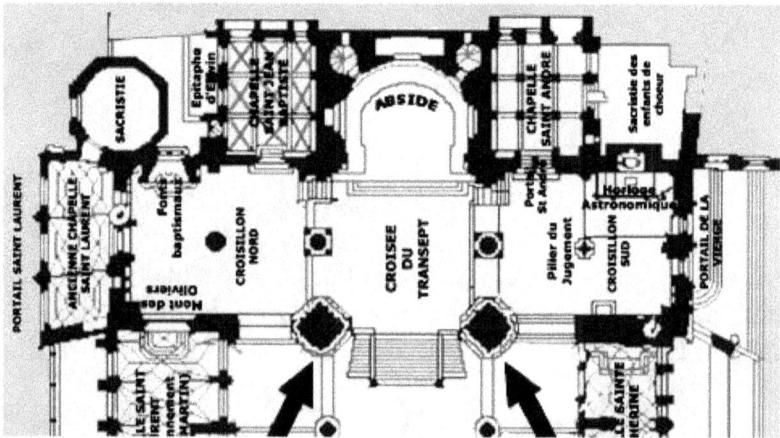

Le chevet correspond à la tête (la table de chevet est le meuble placé à côté du lit au niveau de la tête) ; l'abside, en demi-cercle, correspond au haut du crâne.

A Strasbourg, l'entrée de l'abside ramenée aux dimensions humaines correspond effectivement à la largeur d'un crâne humain (17 à 18 cm).

Si nous superposons une tête humaine à cet endroit, la bouche tombe sur l'endroit occupé par l'autel, d'où le prêtre s'adresse aux croyants.

L'abside et le crâne humain - L'autel (la bouche)

La chaire se trouve à l'endroit appelé en anatomie, le Plexus solaire. C'est d'ailleurs sur cet élément important, d'où le prédicateur prend la parole, que le 21 mars, le Rayon Vert vient se poser à midi solaire, 9 mois avant la naissance du Christ, le 25 décembre.

Le Plexus est un amas de filets nerveux situé derrière l'estomac qui permet de toucher toutes les parties du corps ; un coup de poing à cet endroit peut littéralement paralyser une personne. C'est l'endroit où ça fait mal !

Les deux flèches représentent les deux jambes. A Strasbourg, la 2ème jambe (la gauche), arrêtée au genou ne fut jamais construite pour des raisons techniques ou financières.

Achevée en 1439, la flèche unique, haute de 142 m, a dominé le monde chrétien jusqu'au 19ème siècle.

En 1665, une nouvelle tentative pour ériger la 2ème tour, en 1665, échoua faute de crédit. En 1870, un dernier projet (allemand) consistant à terminer enfin le projet initial fut abandonné, jugé trop risqué pour la solidité de l'ensemble. Grâce à une petite astuce, il est possible de voir la cathédrale avec ses deux tours. Son reflet dans la vitrine d'une petite boutique de nappe (Nappes d'Alsace) du n°6 de la rue Mercière permet ce "prodige".

Projet (vers 1275)   *Projet non réalisé*   *Le reflet "miraculeux"*

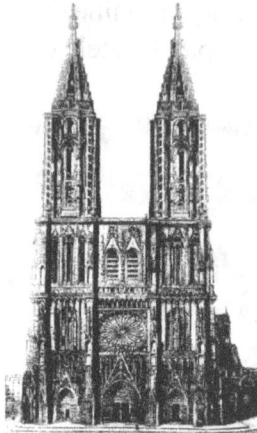

A l'intérieur de la cathédrale de Strasbourg, comme dans la plupart des cathédrales (Beauvais, Chartres, Poitiers) existait probablement, dans le dallage, un grand labyrinthe représentant tout simplement un organe génital féminin complet (vagin, utérus, trompes et ovaires).

C'est au centre (le saint des saints) du labyrinthe, que se produit la rencontre de l'ovule et du spermatozoïde ; le flash, l'illumination.

A Chartres, il est constitué de 273 pierres blanches et 274 pierres noires : marquer d'une pierre blanche = jour important = 273 = 9 mois = période de gestation !

Labyrinthe de Chartres   *Appareil génital féminin*

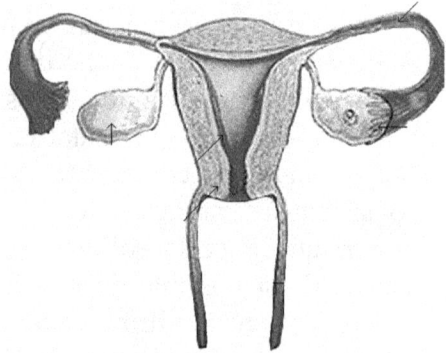

Dans la mythologie grecque, on faisait pénétrer 7 garçons et 7 filles vierges dans le labyrinthe pour les sacrifier au Minotaure, afin de l'apaiser (d'où effusion de sang symbolisant les règles)

lorsqu'il avait tué 13 jeunes gens, le Minotaure était alors vaincu par Thésée, le 14ème survivait donc et pouvait sortir (fille ou garçon) et symbolisait la naissance.

Les 13 jeunes tués symbolisant les 13 menstruations annuelles de la femme… .

Le beffroi, non prévu à l'origine, situé au-dessus de la grande rosace, fait une vingtaine de mètres de hauteur ; cette dimension ramenée aux proportions de notre femme du moyen âge correspond à 15 cm, soit à peu de chose près, la proéminence du ventre d'une parturiente.

Comme un clin d'œil, à l'arrière du beffroi, une longue et étroite ouverture symbolise un phallus en érection (la correspondance, à l'échelle nous donne une dimension *raisonnable* d'une quinzaine de centimètres).

A sa base, un dessin également proportionnel pourrait bien symboliser le jet de semence…

La petite rosace, aveugle, sans vitrail, sculptée dans la pierre, figure l'anus, imperméable aux rayons du soleil, morale oblige.

La Grande Rosace, perméable au soleil représente le sexe féminin ouvert dirigé vers le soleil couchant du 20 octobre et du 1er novembre (fécondation du soleil).

Une chanson populaire disait : *Non, Lucien, tu n'auras pas ma Rose… Monsieur le Curé a défendu la Chose* ; cet air connu associe la Rose à Lucien (de Lux, Lucis ; la lumière, donc le Soleil !).

Rappelons-nous que la Sainte-Luce est fêtée le 13 décembre, jour de la mort de Sainte-Odile, Patronne de l'Alsace, en étroit rapport avec cette date du 20 octobre ! Tout se tient !

Le 13 décembre est aussi le jour où fut présenté le drapeau de l'Europe, en rapport avec les 12 étoiles de la couronne de la Vierge Marie !

De même, en observant certaines images pieuses, on peut reconnaître certaines représentations anatomiques cachées du sexe féminin.

Ainsi peut-on établir une nouvelle lecture de la symbolique des façades occidentales des Cathédrales.

L'accouchement de Notre-Dame de Strasbourg

Reprenant les propres mesures de Maurice Rosart, j'ai personnellement découvert que cette *Vierge enceinte* était en fait en train d'accoucher (parturiente).

Ces affirmations froidement mathématiques et chirurgicales peuvent choquer certaines personnes, c'est pourquoi je demande une grande largeur d'esprit pour lire le reste de cette étude.

La **Grande Rosace** de la Cathédrale de Strasbourg, par des diamètres clairement indiqués montre trois niveaux de dilatation du sexe féminin : au repos, au cours d'une pénétration et …lors de l'accouchement.

La **Grande Rosace** ouest, ou **Grande Rose**, en gothique rayonnant (terminée au début du $14^{\text{ème}}$s), représentant l'orifice utérin, a un diamètre de 13,60 mètres ; elle était la plus grande et la plus accomplie de tout le Moyen Age.

Traduite en dimension humaine (rapport 1000/7), cette grande rosace donne un diamètre total (cercle maximum) de 9,52 cm ; ce qui prouve bien que Notre-Dame de Strasbourg est indéniablement représentée en train d'accoucher : c'est en effet la dilatation moyenne du vagin d'une femme lors d'une délivrance…! C.Q.F.D !

La Grande Rosace extérieur et intérieur…

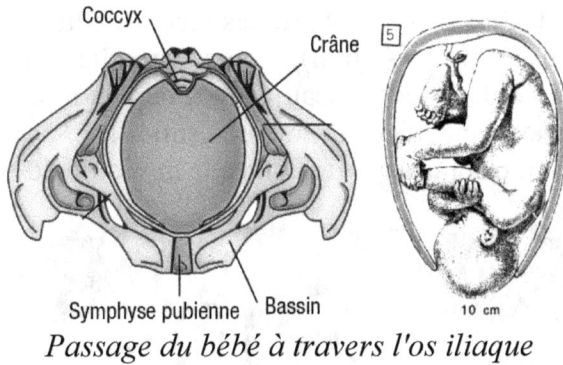

Passage du bébé à travers l'os iliaque

La question qui se pose alors est la suivante : si la Cathédrale est *enceinte*, où se trouve donc le bébé (l'enfant Jésus) ?

La réponse, vérifiable, se trouve dans le vaisseau central, à la place qu'occupent les croyants réunis pour suivre la messe.

Cet espace de 70 mètres de long sur 18 mètres de largeur ; réduit à l'échelle 1000/7, correspond effectivement aux dimensions d'un nouveau-né soit environ 50 cm de longueur sur une largeur moyenne de 13 cm. Un très beau symbole, avouons-le !

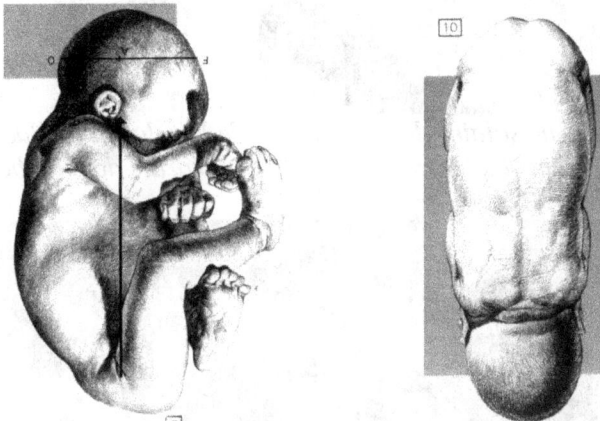

Dimensions d'un nouveau-né

Le bébé est à présent très calme… mais il est vrai que pendant des siècles, les fidèles n'étaient pas immobiles, au contraire, ils sortaient rentraient s'agitaient, car les cathédrales ne possédaient pas de chaises.

Le *bébé* est le résultat de 9 mois de gestation.

En la Basilique Sainte-Madeleine de Vézelay (12ème s.), un spectaculaire phénomène lumineux se manifeste chaque année au solstice d'été, le 21 juin, à midi solaire : c'est le *Chemin de*

Lumière. Un chapelet de 9 grosses tâches de lumières (chiffre de perfection et de gestation), assez arrondies, s'alignent alors parfaitement dans le vaisseau central depuis le narthex jusqu'au chœur, montrant bien là où se situe le *bébé*. Ces rayons proviennent des lucarnes de la façade méridionale.

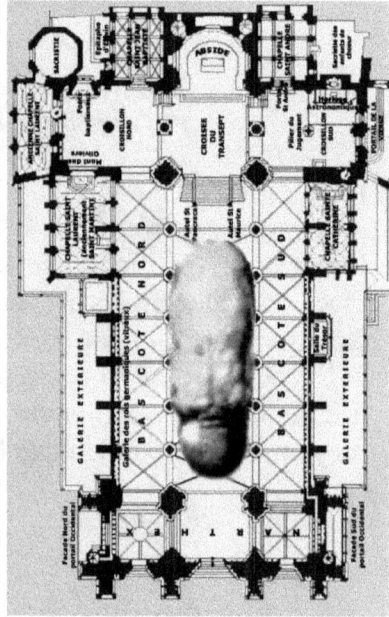

Phénomène solaire de la Basilique de Vézelay et la place du "bébé" dans l'allée centrale de la Cathédrale de Strasbourg

L'assemblée des croyants : les enfants de Dieu, ou le "bébé"

La Roche aux Fées (située à Esse, en Bretagne) est l'un des plus beaux dolmens à portiques de France.

Les dimensions de ce monument mégalithique sont impressionnantes : 19,50 m de longueur, 5 m de largeur et 3 m de hauteur pour un total de 42 blocs de schiste dont certains pèsent une quarantaine de tonnes !

L'ensemble daterait du IIIème millénaire avant J.C.

Cet ensemble restitue (en proportion), la symbolique du sexe féminin (vagin et utérus). Greffé à la terre, il représente la capacité de celle-ci d'enfanter.

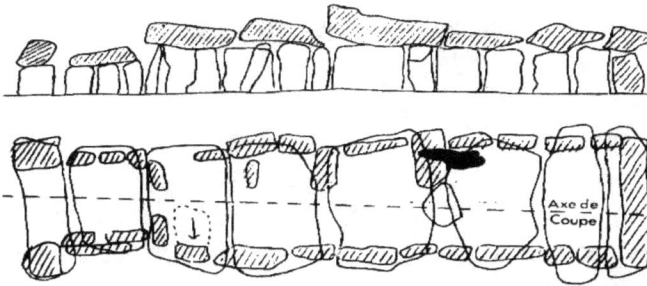

La Roche aux Fées

Selon une légende locale, les futurs jeunes mariés, pour savoir s'ils sont bien faits l'un pour l'autre, doivent faire le tour du dolmen par une nuit de nouvelle lune, chacun de leur côté, et en compter toutes les pierres.

S'ils trouvent exactement le même nombre de pierres, leur union promet d'être durable.

Il apparaît évident qu'une même Science, qu'une même Connaissance, a guidé les constructeurs des cathédrales.

Cette architecture suggestive de la cathédrale de Strasbourg, fait probablement référence aux idoles païennes qui sont à l'origine du culte actuel christianisé.

Primitivement, ces idoles étaient elles-mêmes inspirées par la forme d'un petit monolithe d'origine extraterrestre (aérolithe), une *lapis ex cœlis, pierre du ciel* – ou d'une bombe volcanique – dont la forme grossièrement triangulaire et boursouflée par la fusion dans la haute atmosphère, et sa forme conique naturelle évoquait une femme stéatopyge nue, accroupie en train d'accoucher, ou assise en tailleur *à la gauloise,* et présentant son enfant entre ses cuisses.

Un gros "bébé" immaculé…

Le 18 juillet 2012 un *gros bébé blanc* de 8 mètres de long et de 2 mètres de diamètre s'est trouvé dans l'allée centrale de la Cathédrale de Strasbourg.

Une vision insolite et unique que quelques privilégiés ont pu admirer…

Il s'agissait en fait d'un dirigeable, qui fut gonflé à l'intérieur de la Cathédrale, pour filmer en 3D la nef et le chœur, en s'approchant des éléments architecturaux pour en livrer les moindres détails.

Certains sont nichés à plus de 20 mètres de hauteur.

Cet *examen gynécologique*, ou plus exactement cette docufiction sur les bâtisseurs de la cathédrale, réalisée pour Arte, était prévue pour être diffusée le 8 décembre, jour de l'Immaculée Conception. Une date bien ciblée convenons-en.

Pour moi, cette information fut tout de suite suspecte et j'ai cherché ce qui se cachait vraiment derrière ce *gros bébé blanc* symbolique apparut brusquement le 18 juillet, jour de la Saint-Frédéric, et 199ème jour de l'année…

Le mini dirigeable dans la Cathédrale de Strasbourg, le 18 juillet 2012

Ce jour n'est pas anodin puisque le prénom Frédéric signifie *roi pacifique*. Un qualificatif qui convient parfaitement à Jésus.

Ce prénom fut d'ailleurs porté par de nombreux empereurs, rois et princes... On en compte plus de 25 ! Pour les chrétiens, ce mini dirigeable peut représenter un fœtus de 15 semaines ; celui du Christ, qui, selon des recherches récentes, aurait été conçu (sans péché) le 4 avril.

En effet, cette phase de la gestation est très importante, car c'est à partir du troisième mois que l'embryon poursuit son développement et devient fœtus. Il commence à bouger.

Le sexe de l'enfant peut être connu. Ce fœtus mesure alors environ 12 cm de long.

Dans 6 mois, le 25 décembre, c'est la Mise au Monde !

Mais, au fait, à quoi correspondent ces 12 cm ramenés aux proportions de la Cathédrale N-D de Strasbourg ?

Réponse : à l'équivalent de ce dirigeable de 8 mètres miraculeusement placé quelques heures au bon endroit. Bref, c'est un véritable miracle ! Même si celui-ci est passé totalement inaperçu... étant totalement atypique et discret.

She : a cathedral

Inspirée par la grossesse de son amie Clarice Rivers, l'artiste Niki de Saint Phalle commença à considérer pour ses œuvres l'archétype des figures féminines par rapport à sa réflexion sur la position des femmes dans la société.

L'expression artistique pour chacune de ces célèbres femmes est Nana. La première de ces formes, faite de papier mâché, fil et tissu, a été exposée à Paris en 1965.

En 1966, elle collabore avec l'artiste Jean Tinguely et Per Olof Ultvedt sur l'nstallation d'une sculpture de grande taille " *She : a cathedral*.", pour le musée moderne de Stockholm (Suède).

La forme extérieure est une Nana géante, couchée, dont l'accès à l'environnement intérieur est situé entre ses jambes.

La pièce suscite une forte réaction du public dans les magazines et les journaux à travers le monde.

Photo: Courtesy of the Moderna Museet and Hans Hammarskiöld

CATHEDRALE DE STRASBOURG

Evolution architecturale du monument.

En 1365, la Cathédrale de Strasbourg ressemblait à Notre-Dame de Paris....

| *Paris 1365* | *Strasbourg 1365* | *1399* | *2019* |

Notre-Dame de Paris mesurait 69m et Notre-Dame de Strasbourg...66m.

12 - La dernière pierre de la Cathédrale de Strasbourg

La construction de la cathédrale de Strasbourg dont la première pierre fut posée en 1015, par l'évêque Wernher de Häbsbourg, se fera en différentes phases qui se termineront en 1439 (8 ans après la mort de Jeanne d'Arc) avec la pose de la dernière pierre (la plus haute) sur la tour de l'édifice, à une hauteur de 142 mètres, ce qui fit de Strasbourg la ville ayant l'édifice le plus haut du monde !

Elle gardera ce record du monde jusqu'en 1847 où la flèche de l'église Saint-Nicolas de Hambourg (144 m de hauteur) fut achevée.

La flèche de couronnement de la Tour Nord et donc l'achèvement du chantier, est due au maître d'œuvre, Jean Hültz de Cologne, qui a dirigé le chantier de Strasbourg de 1419 à 1449...

1439 : La dernière pierre de la Cathédrale de Strasbourg

Jean Hültz de Cologne

RUE
JEAN HULTZ
Maître d'œuvre de la cathédrale de 1414 à 1449
Johannes-Hültz-Stross

Il fut aussi l'architecte de la Cathédrale de Cologne mais aussi des flèches de la cathédrale de Burgos, en Espagne.

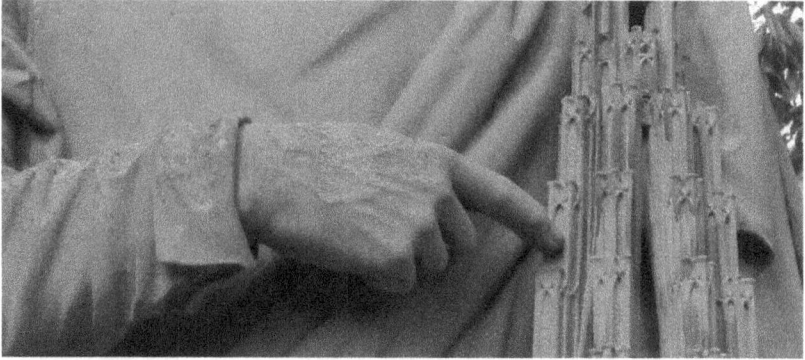

Cette année-là, un certain Gutenberg (1400-1468) assiste probablement à cet événement ; il a 39 ans.

Il vient de faire justement dans cette ville, l'une des plus grandes découvertes de l'Humanité : l'imprimerie !

"Et la Lumière fut..." comme il est inscrit sur le parchemin représenté sur la statue de Gutenberg (Place Gutenberg).

Pour résumer, on peut dire qu'une nouvelle ère a débuté à partir de la fin de la construction de cette cathédrale.

Cette dernière pierre a été filmée avec une Go-Pro, lors de la montée du drapeau français, à l'occasion du 70ème anniversaire de la Libération de Strasbourg.

Le Musée de l'œuvre Notre-Dame possède une copie de cette pierre.

La dernière pierre de la Cathédrale est munie d'un paratonnerre...

Le Millénaire de la Cathédrale est l'occasion pour la Ville de Strasbourg et la Société des Amis de Notre-Dame de rendre hommage à l'architecte en chef de la Cathédrale de 1905 à 1921.
Né en 1864 à Cologne et mort en 1924 à Gengenbach, Johann Knauth a largement apporté sa pierre à l'édifice pour préserver la Cathédrale et lui insuffler la splendeur que nous lui connaissons, notamment en sauvant sa flèche d'un écroulement annoncé.

Icare vole au secours du Tibet

Le 18 mai 2008, à 5 h du matin, le drapeau du Tibet (soleil jaune, aux rayons rouges et bleus et aux 2 lions) est fixé contre le garde-corps de la flèche de la cathédrale de Strasbourg.

Cet acte, au péril de sa vie, est celui d'Icare, pseudonyme d'un jeune strasbourgeois de 27 ans touché par ce qui se passe au Tibet.

C'est sa façon d'agir face à des événements qui le révoltent...

Le grand Dalaï Lama, 14ème chef spirituel du peuple tibétain mais également enseignant de la philosophie bouddhiste, s'est rendu en visite officielle à Strasbourg du 15 au 18 septembre 2016 (Palais des Congrès et Zénith). Dalaï Lama provient d'un titre mongol qui signifie *Océan de Sagesse*.

Il est considéré par les bouddhistes tibétains comme une manifestation du Bouddha de la compassion, protecteur et patron du Tibet.

En 1989, il a reçu le Prix Nobel de la Paix pour sa recherche d'un règlement pacifique de la question tibétaine.

13 - Strasbourg au Moyen-Âge

Au Moyen-Âge, des maisons en bois se greffaient tout autour de la Cathédrale de Strasbourg. Maquettes de l'œuvre Notre-Dame.

Au Moyen-Âge, des maisons occupaient le milieu de la rue Mercière, la rue qui fait face à la Cathédrale, pourtant large de 5 à 6 m de large. Elle porte ce nom depuis 1398.
Les rues étaient sombres et si étroites à l'époque qu'il était possible de se donner une poignée de main d'une rue à l'autre.

L'étroitesse des rues du Moyen-Âge

A l'angle du n°11, rue Mercière et de la Place de la Cathédrale, on trouve l'une des plus vieilles pharmacies d'Europe: la Pharmacie du Cerf (aujourd'hui Boutique Culture de Strasbourg). Elle inaugura la tradition strasbourgeoise de donner des noms d'animaux aux pharmacies.

Ainsi, depuis lors, licorne, cygne, corbeau, lion, ours, cigogne, mésange, et aigle décorent les officines de la ville.

Jusqu'en l'an 2000 ce local fut occupé sans interruption par une pharmacie fondée en 1268 par l'apothicaire Henri Philippi.

A cet endroit s'élève une colonne de grès rose datant de 1567 dite "Colonne Büchmesser" (le mesureur de ventre), qui tire son nom d'une vieille tradition remontant déjà au XIVe siècle, où les membres du conseil de la ville l'utilisaient comme gabarit pour mesurer leur embonpoint.

S'ils ne parvenaient pas à se glisser de profil dans l'espace de 35 centimètres entre la colonne et le mur de la maison, un régime s'imposait.

La colonne de 350 kilos a été refaite à l'identique en 2016, pour 25 000 euros.

14 - Hitler à Strasbourg

Le 4 novembre 2018, vers 19h30, le Président Macron et le Président de la République Fédérale d'Allemagne Frank-Walter Steinmeier se sont rencontrés dans la Cathédrale de Strasbourg... 78 ans, 4 mois et 6 jours avant eux, un autre chef d'état allemand y pénétra pour la première et dernière fois de sa vie... Dieu merci !

L'invasion nazie

Le 19 juin 1940, les troupes du IIIe Reich pénétraient dans Strasbourg et hissaient le drapeau nazi sur la flèche de la Cathédrale. La ville devient le siège de l'administration allemande. Neuf jours plus tard, le 28 juin 1940, jour anniversaire du Traité de Versailles, le Chancelier Adolf Hitler en personne vient à Strasbourg et en profite pour visiter en détail la Cathédrale.

© *Archives de Strasbourg*

Le portail central étant sécurisé, il pénétra par la porte donnant sur la Place du Château.

Hasard du calendrier, magie de l'Histoire : ce jour- là correspond à la naissance de la "France Libre"!

Le général de Gaulle est reconnu "Chef des Français Libres" par le gouvernement Britannique.

La construction de l'Europe débuta probablement ce jour- là !

Hitler se suicidera le 30 avril 1945 (jour de la Saint-Robert), soit 1767 jours plus tard...

Ce dernier affirme: "Aucune cathédrale d'Europe n'est plus belle, aucune cathédrale du Reich plus allemande".

Le Führer très ému resta longtemps plongé dans la contemplation des beautés architecturales de la cathédrale.

A sa sortie de la cathédrale Hitler s'adresse aux soldats allemands présents venus le saluer sur la place du Château :

" Was meinen Sie, meine Herren, wollen wir dieses Juwel Frankreich zuruckgeben ?".

- Que pensez-vous Messieurs, allons-nous rendre ce joyau à la France ? Et les soldats répondirent " Niemals ! " (Jamais !).

© Archives de Strasbourg

Le sort de l'Alsace et de Strasbourg était décidé...

Elle va subir une politique de germanisation très dure. Seuls les habitants d'origine alsacienne sont acceptés.

Les juifs sont refoulés et la synagogue est incendiée. Limoges et Périgueux deviennent les refuges des 890 Juifs de Strasbourg sous l'Occupation.

Les noms des rues sont traduits en allemand, la langue française est interdite et les vies associative et religieuse disparaissent.
La propagande s'intensifie et toute trace de la culture française doit disparaître.

En 1940, la place Broglie devient Adolf HitlerPlatz

Durant la 2ème Guerre Mondiale, les Alliés ont redoublé de créativité. Voici un tract qui représente 4 cochons, sur lequel est écrit: *Où se trouve le 5ème cochon ?* Quelques pliages suffisent à le trouver...

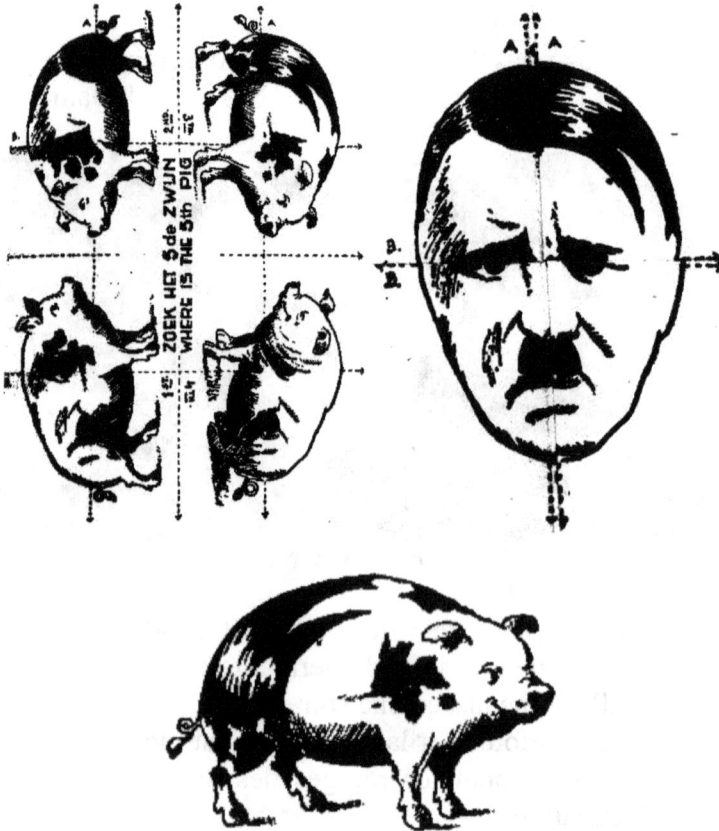

La Gestapo à Strasbourg...

Le n°**11, rue Sellénick**, dans le quartier allemand fut le siège principal de la Gestapo à Strasbourg...

Le n°11, rue Sellénick, siège principal de la gestapo

Il se trouvait ainsi malicieusement dans un immeuble occupé par un foyer de jeunes étudiantes juives, le "Home Laure Weil", et juste devant la Synagogue Adath Israël.
Dès 1900, à l'âge de 25 ans, Laure Weil créa la société de bienfaisance "les Abeilles".
La magnifique porte du 11, rue Sellénick, décorée de 10 abeilles et surmontée d'une ruche dorée rappelle cette origine.

Deux "666"... en fer forgé.

En passant quotidiennement cette porte, les nazis, ces créatures de Satan, et leurs victimes, savaient-ils qu'ils franchissaient la "Porte de l'Enfer" décorée de quatres nombres "666" ?

De l'autre côté de la rue, au-dessus du portail de l'annexe du Lysée Ort (également occupé par la Gestapo, qui avait construit un bunker sur le toit) une tête de diable semble regarder une plaque commémorative.

C'est celle qui concerne Georges Wodli (1900-1943), un cheminot résistant communiste torturé et tué dans les caves du siège de la gestapo au 11, rue Sellénick le 1 avril 1943.

A Strasbourg, la rue Georges Wodli, le Palais des Fêtes (lieu de réunions politiques des nazis), le 11, rue Sellénick et le 69, Allée de la Robertsau (service des séquestres de la Gestapo sont alignés.

Sa vie militante fut mise en scène en 2011 au Palais des Fêtes de Strasbourg. La ligne reliant la rue Georges Wodli au 11, rue Sellénick passe sur le Palais des Fêtes.

A la Libération Laure Weil réintégra "sa maison" le cœur brisé en contemplant les dégâts et les taches de sang qui maculaient les sols et les murs…

Le n°11, rue Sellénick est aujourd'hui occupé par le Lycée ORT, et le foyer d'étudiants "Home Laure Weil".

Etrange prédestination pour cet immeuble qui se trouve à 100 mètres d'un restaurant "Les Sales Gosses" (les nazis ?) : la ligne reliant cette adresse à la Tour du Bourreau (n°4 Quai Turckheim), passe sur la rue Saint-Léon, représentant la date de la terrible Nuit de Cristal (10 novembre 1938) le pogrom contre les Juifs du Troisième Reich...

Le siège de la BDS, l'échelon supérieur de la gestapo se trouvait au **n°69, Allée de la Robertsau**. Cet immeuble fut bombardé en 1944, mais la façade fut épargnée.

69, Allée de la Robertsau

Le service des séquestres de la gestapo se trouvait au **n°52, Allée de la Robertsau**, dans la Villa Note dont le portail est décoré d'un angelot.

La gestapo se trouvait également au **n°10, Avenue d'Alsace** (ex n°10 Otto-Back-Strasse).

C'est le Docteur Gustav Adolf Scheel (1907-1979) qui dirigea la Gestapo de Strasbourg à partir de l'été 1940.

Il avait sous ses ordres toutes les forces de la SS. Il est à l'origine de l'ouverture du camp de concentration du Struthof et de la spoliation de tous les biens des juifs alsaciens, et de la déportation des juifs de Karlsruhe.

*Le n°52, Allée de la Robertsau et le chef de la Gestapo
Gustav Adolf Scheel*

Le n°10, Avenue d'Alsace

Pourtant, fait prisonnier par deux fois en 1945 et 1950 et suspecté de vouloir reconstituer un groupe de néo-nazi, il est acquitté faute de preuves et termine tranquillement sa vie à 72 ans comme médecin à Hambourg.

Dès 1943, Strasbourg est bombardée par les forces alliées, et finalement libérée grâce à une offensive rapide menée par le général Leclerc à la tête de la deuxième DB.

Le 23 novembre 1944, le drapeau français est hissé au sommet de la cathédrale : Strasbourg est libérée.

15 - Le Mystère des stations de tram

A Strasbourg, les quais de plusieurs stations de tram renferment un petit mystère que beaucoup d'usagers souvent trop pressés n'ont probablement jamais remarqué.

Il se présente sous la forme d'une sorte de petit hublot en bronze de la taille d'une soucoupe de tasse à café incrusté dans le sol.

Un nom est gravé dans la couronne métallique.

On pourrait croire que ce sont des repères techniques, mais en observant plus attentivement cet objet on remarque une boussole à boule à l'intérieur.

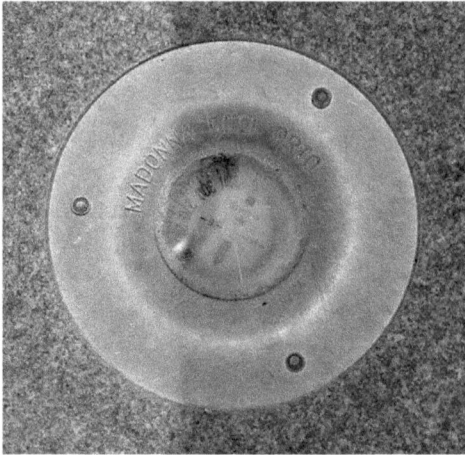

Ce dispositif très discret existe depuis 2001, pourtant, la première boussole que j'ai remarquée en février 2019 est celle de la station **Place Broglie**, devant la Banque de France, où fut chanté pour la première fois notre hymne national.

Elle est gravée "*Madonna dell'Orto*".

Intrigué par ce nom, je me suis empressé de le taper sur internet.

Il s'agit d'une église de Venise dont le rose rappelle celui du grès des Vosges, si présent à Strasbourg…

Eglise Madonna dell'Orto (Venise)

Il existe 24 boussoles de ce genre réparties sur 24 stations de tram des lignes B et F.

C'est un projet de l'artiste Jean-Marie Krauth, qui élabore une pratique de l'art fondée sur la mémoire des lieux.

Il a demandé à des riverains, passants et amis de lui confier le nom d'un lieu où se portent leurs rêves, leurs désirs ou leurs souvenirs. Le résultat donne un mélange de lieux surprenants et inattendus qui font travailler l'imagination.

Al Hajjarah (petit village yéménite) à la station **Hoenheim gare.**

La Caracajada (site minier péruvien situé à 5000 mètres d'altitude, où l'écho est renvoyé cinq fois) à la station **Général de Gaulle**.

Medina Sidonia (une commune de la province de Cadix (Espagne) où une cigogne de Krautwiller passe l'hiver) à la station **Le Ried**.

La *grotte de Sabinus* (source de la Marne, où un chef Gaulois, se réfugia pendant 9 ans) à la station **Lycée Marc Bloch**.

Tour-de-Faure (lieu du Quercy dont les ondes telluriques sont salutaires) à la station **Pont Phario**.

Wyoming (Montagnes Rocheuses) à la station **Le Marais**.

Îles Frisonnes (Mer du Nord) à la station **Futura Glacière**.

Le jardin des deux rives (parc transfrontalier entre Strasbourg et Kehl) à la station **Rives de l'Aar**.

La saline royale (Arc-et-Senans -France) à la station Wacken.

Taitung (Taïwan) à la station **Lycée Kléber**.

Dolpo (Népal) à la station **Parc des Contades**.

Motu Tapu (lagon de Bora Bora, en Polynésie) à la station **République**.

Cabaret Voltaire (Cabaret zurichois où est né le mouvement Dada, intellectuel, littéraire et artistique) à la station **Gallia**.

Matador (Texas) à la station **Université**.

B 612 (astéroïde dont le Petit Prince, personnage du conte de Saint-Exupéry, est originaire) à la station **Observatoire**.

Alchi (village du Ladakh, au Cachemire) .à la station Esplanade.

Espo (Finlande) à la station **Homme de Fer.**

Le Fou d'Erice (Sicile) à la station **Alt Winmärick**.

Un chemin de la carrière (Niderviller, en Lorraine) à la station **Faubourg National**.

Truth or Consequences (traduire à peu près "Action ou vérité ?") en 1950, Hot Springs, Nouveau-Mexique (USA), prit le nom d'une émission de radio) à la station **Musée d'Art Moderne**.

La rivière qui vient du ciel (le Yangzi Jiang ou "fleuve bleu") à la station **Laiterie**.

Sous Banian (le Bouddha s'y illumina) à la station **Montagne Verte**

Kani Kéli (Mayotte - Océan Indien) à la station **Elsau** (terminus ligne F)

- Source: Service Culturel de la CUS-

16 - La petite grotte

Le long de l'Ill, sur les berges du Quai Koch, on peut apercevoir une discrète petite grotte d'où jaillit de l'eau, au printemps et en été. Dans la semaine de la Saint-Valentin, au lever du soleil, vers 9h, un "miraculeux rayon de soleil s'engouffre dans la grotte.

17 - Les 16 portes de Saint-Paul

Souvent confondue par les touristes comme étant la cathédrale, l'église Saint-Paul (76m de hauteur), fut construite en 1897 sur la pointe de l'île Sainte-Hélène.

Elle possède une particularité peu commune. Elle possède 16 portes ! C'était en fait une église destinée aux militaires, d'une capacité de 2000 fidèles. Les troupes devaient pouvoir quitter rapidement ce lieu en cas de nécessité.

18 - La capsule spatio-temporelle :
Le Caveau du Futur

Une capsule temporelle est un témoignage destiné aux générations futures. Elle se présente souvent sous la forme d'un gros container dans lequel on rassemble de nombreux objets représentatifs de l'époque à laquelle elle est créée.

On y dépose de la technologie, des archives de la monnaie, des enregistrements audio, des films, des microfilms, des livres et journaux de la nourriture non dégradable et de nombreuses informations etc…

Elles sont enfouies dans une crypte lors de cérémonies, et destinées à être ouvertes au bout de plusieurs décennies, voire plusieurs siècles.

La *Crypt of Civilization* créée à Atlanta en 1936 est considérée comme la première capsule temporelle moderne. Il s'agit d'une pièce de 6 m sur 3 et 3 m de haut condamnée par une porte en acier inox. Elle est programmée pour être ouverte en 8113.

De nombreux vaisseaux spatiaux comportant des capsules temporelles à destination d'humains ou d'extraterrestres dans un futur éloigné, ont été lancés dans l'espace.

A Strasbourg, le 23 septembre 1995, une capsule temporelle baptisée "Le Caveau du Futur" a été enfouie dans un bunker de béton sous la Place du Château, au pied du portail sud de la Cathédrale et devant le Palais des Rohan. Son ouverture est prévue pour le 23 septembre… 3790.

La capsule contient des préservatifs, des boîtes de coca, la convention de droits de l'homme européenne, mais surtout un disque des plus précieux… celui du chansonnier Roger Siffer de la Choucrouterie.

C'est une idée de Lidia Jacob et de l'artiste alsacien Raymond Waydelich, dont le travail porte principalement sur le temps et la mémoire, en particulier la "mémoire du futur".

Amusant : le 23 septembre est la Saint…Castor. Un animal qui construit des tunnels !

L'an 3790 fait référence aux expéditions archéologiques initiée dans le livre de science-fiction de R.Waydelich : *Mutarotnegra,* un nom qui, lu à l'envers est Argentoratum (l'ancien nom romain de Strasbourg).

Le manuscrit évolue autour de personnages comme le capitaine Imot Reregnu (alias Tomi Ungerer, lu à l'envers)...

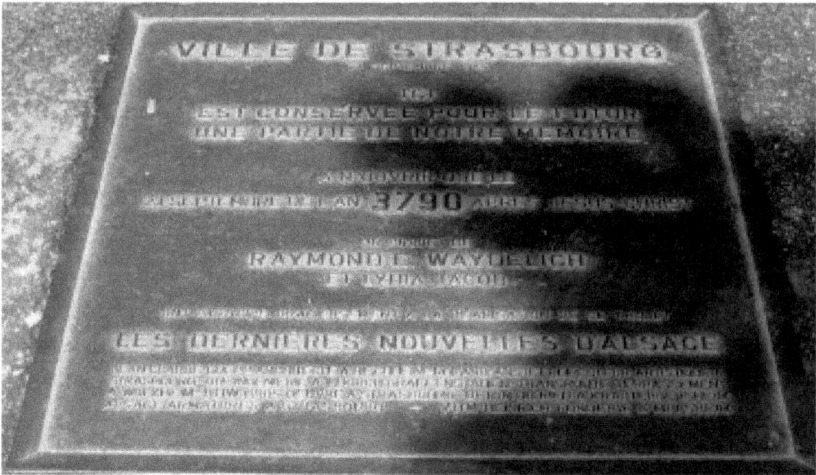

" Ici est conservé pour le futur une partie de notre mémoire, à n'ouvrir que le 23 septembre de l'an 3790 après Jésus-Christ, inaugurée par Raymond Waydelich et Lydia Jacob".

Les objets déposés dans le Caveau du Futur (photo R.Waydelich)

LIVRES EDITES PAR L'AUTEUR

PARISIS CODE (tome 1)

Editions Lulu.com, 2012 - ISBN 979-10-91289-02-3

LE CODE SECRET DES RUES DE PARIS (Parisis Code **tome 2**)

Editions Lulu.com, 2012 - ISBN 979-10-91289-03-0

ET DIEU CREA …LE CODE - (Parisis Code **tome 3**)

Editions Lulu.com, 2012 - ISBN 978-2-9540731-7-0

PARIS, CAPITALE DU DESTIN - (Parisis Code **tome 4**)

Editions Lulu.com, 2012 - ISBN 978-2-9540731-4-9

LE METRO VIRTUEL - (Parisis Code **tome 5**)

Editions Lulu.com, 2012 - ISBN 979-10-91289-01-6

LES ARCHIVES CHRONO-PARADOXALES - (P. Code **tome 6**)

- Lulu.com, 2014 - ISBN 979-10-91289-11-5

LE GRAND CODE DE LONDRES

Editions Lulu.com, 2012 - ISBN 979-10-91289-04-7

L'EPHEMERE RESURRECTION DE LA BASTILLE

Editions Lulu.com, 2011 - ISBN 978-2-9540731-0-1

LE SECRET SOLAIRE DU MONT SAINTE ODILE

Editions Lulu.com, 2011 - ISBN 978-2-9540731-3-2

LES PHENOMENES SOLAIRES ARTIFICIELS

Editions Lulu.com, 2011 - ISBN 978-2-9540731-2-5

LES CLEFS CACHEES DE LA VIE

Editions Lulu.com, 2012 - ISBN 979-10-91289-05-4

ENIGMES tome 1

Editions Lulu.com, 2014 - ISBN 979-10-91289-12-2

ENIGMES tome 2

Editions Lulu.com, 2014 - ISBN 979-10-91289-13-9

L'INQUIETANT MESSAGE DE CHIBOLTON

Editions Lulu.com, 2012 - ISBN 978-2-9540731-6-3

LE FABULEUX SECRET DE PARIS

Editions Lulu.com, 2015 - ISBN 979-10-91289-15-3

L'ULTIME SECRET DE FATIMA

Editions Lulu.com, 2015 - ISBN 979-10-91289-18-4

MARINE LE PEN, UN DESTIN GRAVE DANS PARIS

Editions Lulu.com, 2015 - ISBN 979-10-91289-17-7

JE SUIS… CODEE

Editions Lulu.com, 2015 - ISBN 979-10-91289-22-1

MACRON, UN DESTIN MACHIAVELIQUE GRAVE DANS PARIS

Editions Lulu.com, 2017 - ISBN 979-10-91289-27-6

JOHNNY HALLYDAY, un fabuleux destin encodé dans Paris

Editions Lulu.com, 2017 - ISBN 979-10-91289-29-0

VIES D'ARTISTES encodées dans Paris

Editions Lulu.com, 2018 - ISBN 979-10-91289-30-6

LE PARISIS CODE FAIT SON CINEMA

Editions Lulu.com, 2018 - ISBN 979-10-91289-31-3

LE SECRET DES RUES DE STRASBOURG - Tome 1

Editions Lulu.com, 2019 - ISBN 979-10-91289-33-7

LE SECRET DES RUES DE STRASBOURG - Tome 2

Editions Lulu.com, 2019 - ISBN 979-10-91289-34-4

"SAINT" ROBERT SCHUMAN

Editions Lulu.com, 2019 - ISBN 979-10-91289-35-1

Retrouvez les dernières publications de l'auteur sur

Lulu.com

amazon.com

Tous les livres peuvent être commandés directement.

Contacter l'auteur : t.van-de-leur@laposte.net

Pour suivre les dernières informations :

http://parisis-code.skyrock.com (52.000 visites depuis 2009) :

Dernière mise à jour le 23 mars 2019

www.ingramcontent.com/pod-product-compliance
Lightning Source LLC
Chambersburg PA
CBHW070812290326
41931CB00011BB/2198